Le grand retour des seniors

DU MÊME AUTEUR

La Presse écrite 90/91, (avec J.-L. Pouthier et S. Gerardi) Editions du CFPJ, 1990.

La Presse économique et financière Editions du CFPJ, 1991.

La Presse écrite 92/93, (avec J.-L. Pouthier) Editions du CFPJ, 1992.

La cyberpresse, La presse et l'écrit off-line, on line, Editions Hermes, 1995.

Le Chocolat, Editions Essentiels Milan, 1996.

Internet en question, Editions Economica, 1997.

Copain des Sports, Editions Milan, 1998.

(Prix spécial du livre sportif, Sportel-Monaco Prix de technique et de pédagogie sportive, Associations des journalistes sportifs, Paris 99).

La Presse Quotidienne, (avec Ph. Robinet), Flammarion 1999.

Le Boom des seniors, Editions Economica, 2000.

Serge Guérin

Le grand retour des seniors

EYROLLES
société

Éditions d'Organisation
Eyrolles
1, rue Thénard
75240 Paris Cedex 05

Consultez notre site :
www.editions-organisation.com

Convictions, *une collection de livres vivants, un brin provocateurs, qui jonglent sur les éclairages pour mieux cerner les phénomènes de notre temps au carrefour du monde du travail et de la société : la place des femmes, l'intégration des jeunes, le poids de l'argent, la toute puissance des technologies, la place des seniors... Ces ouvrages s'appuient toujours sur du vécu, mais sont nourris de réflexions personnelles et proposent des pistes concrètes d'action. Ils sont écrits par des observateurs, bien en prise avec les réalités complexes de notre époque : patrons, syndicalistes de renom, élus, responsables de mouvements associatifs, économistes, journalistes...*

DANS LA MÊME COLLECTION

Et si les femmes réinventaient le travail, Cristina Lunghi.
Les jeunes et l'entreprise : des noces ambiguës, Hervé Sérieyx.

ISBN : 2-7081-2751-9

À Marie, le prénom du bonheur

À Samuel, Garance et Anaëlle, les trois « anges »

À Edgar Morin et Juliette Gréco, deux seniors qui réveillent.

Au Docteur Fiorentino, la mémoire, au Professeur Jacques Gonnet, la fraternité, à Philippe Robinet, la référence, à Guy Schwartz, la fidélité.

Mes pensées vont à tous ceux qui ont bien voulu me donner de leur temps pour l'écriture de ce livre, en particulier : Henri Amouroux, Francis Balle, Jacqueline Beytout, Gérard Fournier, Thierry Giron, Marie Lauriat, Jean-François Noël, Guy Sanglier, Jean-François Veysset et Abel Willart.

Sommaire

CONCLUSION

POUR ALLER PLUS LOIN

REPÈRES

Introduction

« Il faut rajeunir l'image de la marque », « notre stratégie vise à rajeunir notre cible », « nous sommes face à une nécessité absolue, rajeunir la pyramide des âges de nos effectifs ».... Rajeunir, rajeunir, rajeunir voilà le maître mot qui suffirait à définir le projet de notre société.

Triste programme. Voire programme imbécile.

Le trait serait-il forcé ? Peut-être, mais il le faut pour favoriser une prise de conscience nécessaire. Les écrans sont remplis de jeunes gens à la mine lisse qui affichent l'absence de toute histoire, de toute mémoire ; les décideurs politiques et économiques ne cessent d'appeler à la recherche pitoyable de tous les artifices de la modernité des idées et des produits. Et dans les entreprises, pour un salarié, approcher des rives de la cinquantaine s'apparente à la contraction d'une maladie honteuse. La mise en quarantaine pour les cinquantenaires en somme.

Les nouveaux penseurs de cette société de l'image ont renoncé à regarder autre chose que leur nombril. Ils ne connaissent qu'une population : la ménagère de moins de cinquante ans. « *Au delà de cette limite votre ticket n'est plus valable* », dirait Romain Gary. Le panurgisme ambiant pousse chacun à se prosterner devant l'autel de la jeunesse

en cherchant à faire oublier son âge. Tout est bon pour faire jeune, pour être dans le coup, pour défier dame nature. Un seul mot d'ordre : cacher cet âge que je ne saurais voir. Par tous les moyens.
L'humanité a peu évolué depuis ces monarques insensés à la recherche éperdue d'hypothétiques élixirs de jeunesse, allant parfois jusqu'à boire ou se baigner dans le sang de jeunes enfants. Aujourd'hui cette quête s'est démocratisée et, le plus souvent, dédramatisée mais, des recettes bucoliques de Rika Zaraï aux petites pilules hyper médiatisées du Docteur Beaulieu, l'inventivité est sans limite. Comme la crédulité de certains consommateurs.

Vieillir est devenu synonyme de tristesse, de médiocrité, d'abandon. *« Fuir la vieillesse de peur qu'elle ne se voit »*, chantera un jour Jane Birkin. A quand un signe distinctif pour les plus de 50 ans ? A quand un permis de vivre à points pour quinquagénaires ? Le jeunisme est une forme insidieuse de fascisme mental qui affirme une norme unique, un seul laisser-passer pour la vie : avoir la mine fraîche, les joues roses et lisses, les cheveux abondants... Ce fascisme new age entend nous imposer un seul standard : le culte du mouvement, de la flexibilité, de la vitesse. La jeunesse en est le dogme central.
Nous nous devons tous, quels que soient notre âge et nos aspirations, de ressembler aux corps sculpturaux d'Arno Brecker, le sculpteur officiel de l'Allemagne hitlérienne. Les premiers ouvrages, publiés dès les années 1920, faisant de la dénonciation du vieillissement leur fond de commerce, ont ouvert un courant, une idéologie de la peur du vieillissement pour reprendre la formule du démographe Hervé Le Bras. Qu'il s'agisse de Spengler avec « Le Déclin de l'Occident », ou Burgdorfer auteur de « Peuple sans jeunesse » -mais aussi de « Est-ce que les peuples blancs meurent ? » – leurs discours menaient directement au nazisme.

C'est le même Burgdorfer qui sera chargé par Hitler de l'organisation du recensement des Juifs...

La jeunesse est associée intimement à la force et à la violence, deux « valeurs » qui comme chacun sait ont toujours raison... Pourtant, faut-il avoir si peur d'un monde qui prend inexorablement des rides ? Faut-il toujours choisir la voie express ? Celle qui privilégie la vitesse sur la réflexion ? Faut-il systématiquement se lancer dans un éloge de la rapidité et refuser de voir les vertus de la lenteur, de l'expérience et de la prise de distance ?
Restons encore sur cette notion de vitesse qui est l'un des principaux marqueurs du discours actuel. Combien de publicités insistent sur les performances de rapidité d'une voiture, d'un TGV ou d'un service quelconque ? L'époque est à la célébration de l'instantanéité, au culte de la réactivité, et pourtant Jean de La Fontaine ne nous a-t-il pas appris à nous méfier de toute tendance à la précipitation ? Certes, nous pouvons passer d'un lieu à un autre comme de rien, mais qu'avons-nous vu ? Que connaissons-nous de cet entre-deux ? Qu'avons-nous retenu ? Le voyageur qui, en à peine plus de trois heures, passe de Paris à Marseille ne change pas de monde, n'apprend rien ou en tout cas beaucoup moins que celui qui prend le temps de visiter Lyon, Valence ou quantité de petits villages à proximité des gares.

Notre société est schizophrène qui adore le totem de la vitesse et qui multiplie dans le même temps, les messages de prévention routière et les contrôles de vitesse des voitures. Oui, la vitesse tue. Et pas seulement en voiture. La vitesse, c'est aussi l'indifférence du passant devant la misère qu'il côtoie. La vitesse, c'est aussi l'absence de regard sur les hommes et les paysages traversés dans une course folle à l'efficacité. La vitesse, c'est aussi la prise de risque maximale, la limitation des filets de sécurité. Celle-ci se confond

le plus souvent avec la précipitation. Aller vite mais pour aller où ?
Les mentalités d'aujourd'hui sont en retard d'une révolution démographique. Nos leaders d'opinion, nos médias – en particulier télévisuels – propagent un discours conservateur et stratifié de peur de se couper de la jeunesse, de faire vieux. En fait, ils sont ringards. Déjà dépassés par la nouvelle réalité socio-démographique.
Les rides, expressions de la maturité et de l'esthétique de certains visages, sont trop souvent stigmatisées comme le signe annonciateur d'une catastrophe, comme l'expression d'une défaite qu'il faut cacher par tout les moyens. Et pourtant, au nom de quoi ne pourraient-elles pas aussi apparaître comme une caractéristique évidente, naturelle et positive ? Qui n'a pas en tête un visage ridé mais beau, un visage ridé mais qui donne confiance, un visage ridé mais qui crée l'envie de le connaître ?

Comment peut-on après avoir lu Edgar Morin, qui décrypte la complexité polymorphe de l'humain dans le dernier volume de « La Méthode » [1], oser encore dire qu'à 80 ans, il est impossible d'apporter quoi que ce soit aux autres ? S'est-on demandé l'âge de Manoel de Oliveira qui, à 93 ans, proposait l'un des plus beaux films du début du troisième millénaire, dont le rôle titre était tenu par un Michel Piccoli atteignant à 75 ans la plénitude ? A-t-on déjà oublié qu'Henri Salvador, a renoué, à 82 ans, avec le succès et le meilleur de son art ? Faut-il rappeler la séduction croissante de Clint Eastwood, 70 ans largement passés, et la réussite de son film, « Space cowboys », célébrant avec alacrité le voyage spatial effectué par des gamins de 75 ans ? Qui osera encore, après s'être délecté d'un repas confectionné par le septuagénaire Paul Bocuse, prétendre qu'au delà de 70 ans, tout individu perd sa créativité et son talent ? Que dire

1. Edgar Morin, *L'identité humaine*, novembre 2001.

d'un Robert Merle qui publie encore et toujours à 93 ans ou de l'octogénaire Robbe-Grillet qui revient vers le public avec un roman au nom si lourd de sens : « La reprise » ? Les exemples foisonnent, comme l'écrivain belge Henri Vernes qui, à 82 ans en 2002, continue de publier les aventures de Bob Morane ou le pianiste de jazz Dave Brubeck qui, à plus de 80 ans propose toujours aux amoureux du swing confortable son opus annuel. Les exemples foisonnent de personnalités et d'anonymes qui poursuivent bien après l'âge légal de la retraite, une activité intense et fructueuse. De Peter Drucker qui, à 91 ans passés, donne encore des conférences et des conseils, au professeur Albert Jacquard, dont l'âge n'a altéré ni la formidable capacité d'indignation ni le goût de la pédagogie et de la curiosité aux autres et au monde.

Il ne s'agit pas de célébrer le vieillissement pour le vieillissement : vieillir ne donne pas automatiquement du talent et l'expérience ne bonifie pas les hommes de façon homogène. Mais à l'inverse il n'y a pas de fatalité du déclin. L'âge n'a rien à voir avec la décadence. Le décompte des années ne peut se confondre avec le choix des valeurs. A tout âge, l'être humain peut donner au monde. Certes, les muscles n'ont plus la même tonicité, mais la capacité de résistance est souvent intacte, voire décuplée. Qui ne s'est jamais retrouvé dépassé par plusieurs septuagénaires à la fin d'un marathon ne peut comprendre cette réalité. En 1997, en parcourant les résultats du marathon de New York, j'ai découvert que deux compétiteurs de plus de 90 ans avaient terminé l'épreuve.
Le champion du monde vétéran de la marche, poursuit à 80 ans passés une carrière de sportif de haut niveau commencée comme sélectionné olympique aux Jeux de Berlin, en 1936... Et l'extraordinaire Maurice Baquet ? Membre avant-guerre de l'équipe de France de ski, il faisait encore l'acteur au tournant du nouveau millénaire.

Bref, notre époque fait fausse route ! Il est temps d'effectuer une nouvelle révolution copernicienne. Apprenons à regarder différemment la réalité. La vitesse doit-elle rester la valeur cardinale de nos sociétés, déjà entrées dans le post-modernisme ? Pourquoi ne pas valoriser le sens de la mesure, la capacité à écouter l'autre et le retour à la valeur du temps ? Passons de l'éloge de la vitesse à l'éloge de la lenteur. Pierre Sansot nous a appris combien il importe de profiter de chaque parcelle de vie. A trop vouloir tout faire vite, on finit par tout faire mal. Faire moins pour faire mieux en somme.

À trop confondre âge et vieillissement, nous faisons d'un atout une fragilité. Bientôt la conquête des ans passera pour une catastrophe humanitaire. On marche sur la tête ! L'enjeu central, dans l'entreprise comme dans la vie quotidienne, c'est de redonner de la valeur à l'expertise et à l'expérience. Expérience professionnelle, certes ; mais aussi expérience de la vie et expérience des autres. L'entreprise, la cité, le corps associatif, le réseau social... tous ont besoin de l'implication des seniors.

Encore faut-il leur témoigner d'une sollicitude et d'un intérêt pour ce qu'ils représentent. Le monde senior constitue un marché avec des demandes de biens et services spécifiques, mais il regroupe aussi un potentiel de proposition et de mobilisation incroyable pouvant se mettre au service de la vie économique, sociale ou encore humanitaire. S'en passer ? Mais quel gâchis !

Le « jeunisme » ne peut plus être la norme totalitaire qui définisse notre société. Ce refus d'une norme unique n'est pas non plus un appel pour une nouvelle pensée unique, anti-jeune, cette fois. Mais la demande pour une nouvelle alliance des âges, pour la recherche d'un nouveau contrat intergénérationnel.

La « séniorité » de la société est une réalité : les plus de soixante ans représentent déjà 13 millions de personnes, soit 21,3 % de la population française. Aujourd'hui le nombre des plus de cinquante ans – ceux que l'on appelle les seniors – est supérieur à celui des moins de vingt ans : 20,5 pour 14,4 millions. Demain, en 2020, les sexagénaires et plus constitueront 26,8 % de la population totale française. Ce phénomène n'est pas propre à la France. Plus de 120 millions d'Européens concourent dès aujourd'hui dans la catégorie senior. L'Amérique du Nord comme le Japon, en fait l'ensemble des pays riches, est confronté à cette transformation de la dynamique démographique : l'allongement de la vie remplace les naissances comme vecteur principal de la quantité de population.

La culture du jeunisme a laissé des traces et souvent cette France qui prend des rides fait peur. Les seniors passent aux yeux de certains comme les symboles d'un pays qui tourne au ralenti, qui regarde dans le rétroviseur. Cette attitude humiliante pour les cinquante ans et plus est archaïque car elle se focalise sur l'état civil sans comprendre que l'âge officiel ne rend pas compte des évolutions physiologiques et psychologiques pas plus que du niveau de scolarité initiale et de la fréquence des périodes de formation.
Les plus de soixante ans d'aujourd'hui n'ont rien de commun avec leurs aînés. Ils sont mieux formés, en meilleure santé et ont l'avenir devant eux. Avoir soixante ans en 2002 ce n'est pas vivre la même réalité qu'en 1950.
Les seniors constituent les bataillons du monde associatif, représentent 30 % des maires de France, interviennent de façon croissante dans la vie sociale, à l'école, dans les mouvements consuméristes... La présence dans nos villes et nos campagnes de différentes catégories de seniors, ouvre le champ à l'invention par le marché de nouveaux services à la personne, de nouveaux produits destinés à satisfaire les demandes spécifiques de ces populations aux attentes nou-

velles et multiples. Autant de marchés qui participent à la dynamique générale de l'économie et contribuent à maintenir l'exigence de renouvellement des idées et de l'innovation.

Mais ce poids croissant des seniors concerne aussi la structuration interne des entreprises et des organisations : la pyramide des âges au sein du monde professionnel ne pourra pas éternellement s'atrophier par le haut. Impossible de se satisfaire encore longtemps des politiques de démissions et d'évictions menées depuis bientôt trois décennies. L'entreprise est le lieu principal de la politique « d'apartheid générationnel » fondé sur le lâche consensus de l'ensemble des partenaires sociaux. Dans un monde où la pénibilité physique du travail s'est réduite (mais pas le stress), ce qui fait la différence tient à la formation et à l'expérience, au savoir-faire et au savoir-être. A cette aune, les seniors sont « compétitifs », inscrits dans la modernité et capables de suivre l'accélération des technologies.
Notre monde, à force de vouloir aller vite et de simplifier à l'excès, confond tout. Et d'abord âge et retraite. Ce qui est en cause ce n'est pas une vision dramatisée du poids relatif des plus de 60 ou 65 ans, mais c'est de connaître la moyenne de la durée réelle de travail dans une vie. Et de débattre des moyens de la rallonger si nécessaire pour prendre en compte l'allongement de l'espérance de vie et les besoins du système productif.

Pas de chance, la France détient le triste record du taux d'inactivité des « quinquas » : seulement 34 % des plus de 55 ans sont en activité (contre 68 % en Suède). Cet apartheid générationnel correspond à une vision rigide des temps de vie : formation-travail-retraite. Or, avec l'accélération des mutations techniques, les périodes de formation et d'adaptation vont alterner sans cesse avec les moments d'activité et de travail. La retraite devra en conséquence s'imaginer autrement qu'en termes uniformes, de couperet et de guillotine. Demain, inventons des solutions souples, adaptées à la réalité professionnelle de chacun, au parcours de vie des individus. La retraite sera à la carte, progressive et active, ou ne sera plus.

Non, l'âge ne crée pas de handicap particulier pour la découverte et l'apprentissage. On peut apprendre à tout âge à condition d'avoir appris tout le temps. Dans les entretiens professionnels ou d'embauche, il faudra bien un jour prendre l'habitude de remplacer une question inutile comme « quel âge avez-vous ? » par « à quand remonte votre dernier stage ou votre dernière session de formation ? » Le principal déterminant de l'âge n'est plus biologique : il est culturel et dépend d'abord de l'âge de la formation.
La prise de conscience se fait trop lentement en France, pourtant les seniors jouent un rôle essentiel dans la transmission du savoir. Ce sont des passeurs de la modernité, qui loin de bloquer la progression des plus jeunes, la facilitent et peuvent l'accompagner.
Reste qu'il faut éviter tout angélisme : l'importance croissante du « fait senior » va aussi engendrer de nouveaux comportements déviants, une nouvelle délinquance émanant d'une population réputée sans histoire. Le temps des seniors ne sera pas un temps calme. Au contraire, les nouveaux seniors vont transformer les règles du jeu de la séduction, de la consommation et de la politique. En particulier, l'émergence des « BooBos », les Boomers Bohèmes, fera d'une partie des quinquagénaires des faiseurs de tendances, des « trendy people » qui influenceront les attitudes de consommation de la population. « *Time are changing* », chantait Bob Dylan, aujourd'hui sexagénaire au talent intact.
Le temps des retraités en retrait est fini. Le temps de la génération nounou s'éteint progressivement. Les seniors de demain seront exigeants, turbulents et revendicatifs. Ces

créatifs sereins seront aussi nécessaires au développement de la société que les plus jeunes. Et ils demanderont à être autant pris en compte.

Les seniors sont devenus une valeur en hausse. Et c'est tant mieux !

CHAPITRE 1

Trop de vieux ?

Oui, la France a pris des rides. Et alors ! Certes, cette réalité peut apparaître comme une contrainte macro-économique majeure, mais elle constitue aussi une opportunité sociale extraordinaire. Est-ce un drame si nous vivons mieux et plus longtemps ?

La vie quotidienne, la demande des consommateurs, l'organisation interne des entreprises, le mode d'appropriation de la ville... aucune sphère d'activité sociale n'échappera à une remise en cause de ses certitudes en raison du poids démographique croissant des tempes grises. Le siècle qui s'ouvre tout juste sera celui des seniors, à condition que notre société se réconcilie avec les âges. Ces bouleversements actuels et futurs obligent à prendre conscience de la nécessité de reformer une large partie des orientations de la société, de transformer la hiérarchie de nos valeurs, de penser une nouvelle post-modernité.

Les chiffres sont connus et rabâchés à longueur de séminaires et d'émissions médiatisées. Certains jouent à se faire peur, à nous faire peur. D'autres essayent simplement d'aider la société à prendre conscience d'un phénomène structurel.

En résumé, les plus de soixante ans représentent 13 millions de personnes, soit 21,3 % de la population française.

Aujourd'hui le nombre des plus de cinquante ans – ceux que l'on appelle les seniors – est supérieur à celui des moins de vingt ans : 20,5 pour (et non contre) 14,4 millions. Déjà les cinquante ans et plus représentent un poids démographique et social jamais atteint (30 % de la population en 2001 ; 50 % en 2050).

Il en va de même pour les soixante ans et plus : de moins de 20 % de la population totale en 1995, ils en représenteront – selon les hypothèses du taux de fécondité – de 26 à 28 % en 2020, et de 30 à 39 % en 2050. Vers le milieu du siècle, les plus de soixante ans représenteront entre un tiers et deux cinquièmes de la population. En 2050, les soixante ans et au delà seront 85 % de plus qu'en 2000, soit 22,4 millions [1]. Selon « Le portrait social de la France » présenté par l'Insee en octobre 2001, à partir de 2011 les moins de vingt ans seront moins nombreux que les plus de soixante ans.

En outre, toujours selon les projections des démographes de l'Insee, un phénomène marquant et nouveau, la part des « très âgés » (appelés aussi « quatrième âge », c'est-à-dire les plus de 75 ans) s'accroîtra de façon encore plus considérable. Le nombre des 75 ans et plus doublera en trente ans, pour atteindre 7 millions en 2025 et dépassera les 11 millions en 2050. *« La France métropolitaine comptera trois fois plus de 75 ans et quatre fois plus de 85 ans ; ils seront respectivement 11,6 millions et 4,8 millions contre 4,2 et 1,2 million en 2000 »*, note Chantal Brutel [2].

En valeur relative, le poids des 75 ans et plus passera de 6 % de la population totale en 1994 à 11 % en 2020, avant de s'élever à 15 ou 20 % – selon les hypothèses prises en compte – en 2050.

1. Insee Première, n° 762, mars 2001.
2. Insee Première, *ibid.*

Déclin du nombre des actifs

Les projections [1] mettent ainsi au jour ce phénomène incontestable et lourd de sens, le net allongement de l'espérance de vie de la population française. Il peut se mesurer au travers d'une autre comparaison. A partir de 2020, les seniors disposeront d'un poids supérieur à celui des « jeunes », c'est-à-dire les moins de vingt ans. Ceux-ci, qui représentaient encore 28 % de la population totale en 1994, devraient n'en constituer que 25 %, pour l'hypothèse la plus haute, voir 17 % pour l'hypothèse la plus basse.

De telles projections font apparaître un déclin prochain, mesuré mais assuré, du poids relatif de la population active. La part des 20-64 ans va augmenter jusqu'en 2010, date à laquelle elle atteindra 38 millions. Puis elle devrait se stabiliser, voire, si on prend en compte l'hypothèse la plus pessimiste, diminuer nettement, les actifs ne représentant plus alors que 30 millions de personnes. Toutefois ce type de prévision ne peut décemment pas expliciter les possibles : comment établir le nombre de retraités et d'étudiants dans un demi siècle ? Il dépendra de mesures réglementaires et d'évolution sociale qui agiront directement sur la durée de travail réelle moyenne de la population.

Le vieillissement de la population constitue donc un trait majeur de l'évolution à moyen terme de la société française. Et ce alors que la France connaît depuis le milieu des années 1990, un regain de son indicateur conjoncturel de fécondité qui, par exemple, atteignait 1,89 en 2000 et en 2001 contre 1,65 en 1993, soit un gain de 70 000 naissances ces deux dernières années [2]. Mais ce pic est encore loin des 2,1 permettant un renouvellement des populations. Et il ne produira ses effets que dans les années 2025, une fois que cette

1. « Economie et Statistiques », Paris, Insee, novembre 1994.
2. Source Eurostat, février 2002.

génération aura l'âge à son tour de participer au financement des comptes sociaux.

Comment expliquer ce mouvement de ciseaux entre la chute de la fécondité et la hausse de l'espérance de vie ? Le développement économique, le travail des femmes, l'allongement des études, le recul de l'âge du premier enfant, la hausse des ruptures au sein des couples, la baisse du poids du catholicisme et les possibilités de maîtrise autonome de la fécondité par les femmes sont autant de facteurs qui contribuent à des degrés divers à la diminution de la fécondité. Au delà, l'évolution de la perception de l'avenir, le niveau d'engagement de la sphère politique pour accompagner la prise en charge des enfants sont des facteurs eux aussi discriminants.

À l'inverse, la réduction de la mortalité infantile constitue aussi un phénomène marquant de cette période, qui a contrario équivaut à un gain de *« plusieurs dizaines de milliers de naissances supplémentaires chaque année »*, note Michel-Louis Lévy [1]. En parallèle, et pour les mêmes raisons liées à l'amélioration du système de prévention et de suivi médical, l'espérance de vie s'accroît de façon tout aussi spectaculaire. Si, dans un premier temps, la réduction de la mortalité a concerné toutes les tranches d'âge, avec pour effet de ne pas bouleverser profondément la répartition par âge, à partir du milieu des années 1970, la baisse de la mortalité a porté essentiellement sur les âges avancés. En moyenne, l'espérance de vie s'est accrue de près de trois mois par an en France. En 2002, l'espérance de vie pour les femmes s'établit à environ 82,7 ans et à 75,2 ans pour les hommes. Elle était en moyenne de 43 ans en 1850 et de 63 ans, un siècle plus tard. De sorte que, quelle que soit la dynamique des naissances, la population vieillit mécaniquement. Un mou-

1. Lévy (ML), ibid.

vement qui va se poursuivre inéluctablement durant plusieurs décennies.

Par rapport aux autres pays européens, la France détient en outre le record de longévité pour les femmes et le différentiel d'espérance de vie le plus ouvert entre les sexes[1]. Cependant, les dernières projections[2] montrent que le différentiel tend à se tasser. Les ravages de l'alcoolisme et du tabagisme féminin sont les premiers facteurs explicatifs à ce resserrement des écarts. En moyenne, l'espérance de vie en Europe s'établit à 77 ans, pour les femmes, contre 70 pour les hommes.

Vieillir, une maladie mortelle ?

Désolé, même si la prévision démographique ne peut prendre en compte l'incertitude historique ni les effets de quelque cataclysme écologique ou météorologique, elle offre un bon indicateur de l'avenir prévisible. Rien n'y fera, la France est sur la pente du vieillissement et devrait finir par voir sa population diminuer légèrement.

Les projections de l'Insee réalisées en 1994, et allant jusqu'en 2050, mettent en évidence une relative croissance de la population française accompagnée de la poursuite de l'allongement de l'espérance de vie[3]. Trois scénarii ont été sélectionnés par les chercheurs de l'Insee : un maintien du taux de fécondité à 2,1 ; une stabilisation à 1,8 ; la poursuite d'une chute jusqu'à 1,5.

Dans le premier cas, qui suppose une forte remontée du taux de fécondité, la croissance de la population française se poursuivrait sur toute la période, quoique à un rythme plus faible après 2020. La population totale s'élèverait à 71,5 millions d'habitants en 2040, et à 73,6 millions en

1. Bilan démographique 1996, *ibid.*
2. Document de synthèse de l'Insee, octobre 2001.
3. Economie et Statistiques, *ibid.*

2050. L'hypothèse moyenne implique aussi un relèvement sensible du taux de fécondité, mais la croissance de la population serait plus lente et atteindrait son maximum de 65,4 millions d'habitants en 2040, pour diminuer ensuite légèrement. Les plus récentes projections[1] font état d'un retournement à partir de 2036 où pour la première fois le nombre de naissances serait inférieur au nombre de décès. Sauf à ce que le renouveau du taux de fécondité éloigne un peu plus cette perspective. L'hypothèse basse indique une poursuite limitée de la croissance de la population jusqu'en 2020, où le pic atteindrait les 60,7 millions de personnes. Le nombre d'habitants se réduisant ensuite jusqu'à 56,8 millions en 2050.

Mais, et c'est ce qui nous intéresse, quelles que soient les hypothèses prises en référence, selon les projections de l'Insee, le vieillissement de la population constitue bien le fait majeur. L'allongement de la durée de vie, renforcé ou non par la faiblesse du taux de fécondité, explique cette donnée. La probabilité de survie entre 60 et 85 ans a plus que doublé, entre 1960 et 1990. Depuis plus de quinze ans, la population « gagne » un trimestre d'espérance de vie supplémentaire tous les ans et surtout bénéficie d'un gain de six mois de « bonne vie », c'est-à-dire de vie autonome. Cette véritable « révolution » va se poursuivre, même si le rythme en sera nécessairement plus lent.

Certes, il n'est pas question de rêver (ou de cauchemarder) à une durée de vie sans limite, mais en revanche on peut penser que la limite moyenne va tendre vers les 110 ans. Une donnée probabilisée signifiante traduit cette évolution de l'espérance de vie : un bébé naissant en 2001 aura, en termes de probabilité, une chance sur deux de devenir centenaire.

Mesuré à travers la proportion des plus de soixante ans par rapport à l'ensemble de la population, le vieillissement est

1. Document de synthèse de l'Insee, *ibid.*

donc un mouvement continu. Ce vieillissement va s'accentuer à partir de 2005, avec l'arrivée à la soixantaine des premières générations issues du baby-boom. Les sexagénaires et plus seront 13,2 millions en 2005, contre 11 millions dix ans auparavant. Surtout, ils représenteront 17 millions en 2020, et 22 millions en 2040. Soit une progression de près de 100 % en trente-cinq ans.

En 1990, la population mondiale comptait 500 millions de personnes âgées de plus de soixante ans. Dix ans plus tard, ce chiffre avait augmenté de 100 millions. Dès 2020, le monde comptabilisera environ 1,2 milliard de personnes de plus de soixante ans. Pratiquement l'équivalent de l'ensemble de la population chinoise !

Des Etats-Unis au Japon, en passant par la Chine, ce phénomène de vieillissement est généralisé. Seuls les pays maintenus en lisière de l'occidentalisation et de la croissance connaissent encore souvent une forte dynamique nataliste mais accompagnée d'une espérance de vie moyenne de vingt à quarante ans inférieure aux pays riches. D'une certaine façon, le vieillissement de la population est un signe de richesse et non de déclin.

La proportion des moins de quinze ans et des plus de soixante ans au sein de la population totale est tout autant significative. Au plan mondial, les moins de quinze ans représentent 32 % du total, et les plus vieux 6 % seulement. Des chiffres qui recouvrent des réalités fort différentes. Sur le continent africain, la répartition est de 45 % pour les moins de quinze ans et de 3 % pour les plus de soixante ans ; en revanche pour l'ensemble de l'Europe (hors Russie) elle est de 19 % contre 14 %.

Jamais le Vieux Continent n'a aussi bien mérité son nom. En particulier, les pays de l'Union européenne. Dès 2010, plus de 110 millions d'Européens feront partie de la cohorte des seniors. Surtout, selon les données proposées par Eurostat [1], le nombre des actifs devrait baisser, à législation constante, de 183 millions de personnes en 2010 à 154 millions en 2025.

L'Europe, par la qualité de son système de santé, a sans cesse repoussé les limites du vieillissement tandis qu'elle a connu, depuis le milieu des années 60, un mouvement général de baisse de la fécondité. Pas de quoi s'étonner du résultat : pour la première fois les plus de soixante ans représentent un poids supérieur aux moins de vingt ans. Et le mouvement ne fera que croître : la part des plus de soixante ans qui totalise 21 % de la population totale en 2000 (15 % pour les plus de soixante cinq ans) devrait passer à 34 % en 2050, selon les données d'Eurostat.
Bref, depuis plus d'une décennie, seulement 4 millions de naissances ont eu lieu en moyenne annuelle dans l'ensemble des pays de l'Union européenne [2], alors que dans les années 60, les naissances étaient supérieures à 6 millions par an.

Politiques plus ou moins volontaristes

De plus en plus, les conséquences de ce vieillissement conduisent à porter le débat sur la place publique. Et obligent les partenaires sociaux à aborder, souvent avec une extrême réticence, les politiques économiques à mettre en œuvre pour répondre à cette nouvelle donne. On notera que, malheureusement, la question reste largement centrée sur les problèmes économiques créés, et s'intéresse fort peu aux transformations sociétales engendrées par ce nouvel équilibre en gestation entre les différentes composantes de la population. Là encore, les pays nordiques apparaissent plus inventifs et plus en recherche d'un consensus social qui ne laisse personne sur le bord du chemin.

1. *Eurostat, 2001.*
2. *Eurostat, ibid.*

L'espérance de vie moyenne est assez homogène dans l'ensemble de l'ouest européen. En revanche, les politiques démographiques, plus ou moins volontaristes des pouvoirs publics, et les comportements sociétaux sont davantage marqués. Côté fécondité, c'est en Allemagne et dans les pays du Sud (Espagne, Italie) que les taux sont les plus faibles. En Allemagne, par exemple, si le taux de fécondité reste aussi bas (1,3 par femme), les plus de 65 ans représenteront la moitié de la population dès 2030 contre seulement 20 % en 2001. C'est en France – qui détient avec l'Irlande le record du taux de naissance – et dans certains pays nordiques comme la Norvège ou la Finlande qui pratiquent des politiques volontaristes, que la reprise s'est faite de façon la plus spectaculaire depuis 1995.
La perception de la question démographique, et partant celle des conditions du financement des retraites, est elle aussi extrêmement différente selon les cultures nationales. Si, en France ou en Suède, elle participe du débat public et peut s'afficher comme un objectif politique, en Grande-Bretagne, où les questions de natalité sont peu présentes, le gouvernement Blair a rendu obligatoire, pour les entreprises de plus de 15 salariés, la mise en place de fonds de capitalisation. A l'inverse, en Espagne, les principales forces politiques ont su dégager un consensus démocratique et civique sur les retraites et sur un mode de financement unitaire pour les années à venir : c'est le « Pacte de Tolède » signé en 1996. Les Pays-Bas, pour leur part, ont fondé un consensus fort sur cette question.

Dans toute l'Europe, une même tendance se fait jour : allongement de la durée de cotisation, réduction du montant des pensions, recherche de nouvelles formes de financement des retraites en ouvrant la voie à des modes complémentaires au travers de systèmes par capitalisation. En Allemagne, le débat économique central porte sur le financement de la retraite et le contrat entre les générations ; aux Pays-

Bas, cette confrontation a donné lieu à l'émergence d'une nouvelle force politique organisée. La France se distingue par sa prudence vis-à-vis des systèmes par capitalisation.
On assiste par ailleurs à une réelle uniformisation des âges de la retraite en Europe. Si la France se distingue là aussi en conservant le seuil de 60 ans pour l'âge officiel du départ à la retraite contre 62 ans au Danemark, et 65 ans dans des pays comme l'Allemagne, la Grande-Bretagne, l'Italie ou l'Espagne, les écarts se réduisent lorsqu'on s'intéresse à l'âge effectif de ce départ. Les variations constatées vont de 57 ans pour la France à 62,5 ans pour l'Espagne. Soit une moyenne européenne de l'ordre de 61 ans.
En fait, aucun pays de la sphère occidentale n'échappe à la question du vieillissement de sa population. Ou plus exactement, de l'allongement de la durée moyenne de vie. Partout, la tendance de fond est identique. Cependant, ce futur ne conduit pas à un déterminisme des attitudes et des réactions devant l'avancée inéluctable de ce que les équipes de chercheurs autour d'Edgar Morin ont nommé, il y a déjà une vingtaine d'années, le « Continent gris » [1].
Ce « papy-boom » ou plutôt « mamy-boom » – la féminisation des populations vieillissantes représente en effet une tendance lourde dans la plupart des grands pays industrialisés – aura au moins autant d'impact sur la structure des dépenses des ménages, sur l'évolution des comportements politiques et sociaux, sur la culture et les valeurs dominantes de la société que le baby-boom d'après-guerre. C'est au Japon que la situation menace d'être la plus explosive. Les Japonais bénéficient du record mondial de longévité avec 82,5 ans pour les femmes et 76,3 ans pour les hommes. Cet allongement de la vie devrait se poursuivre dans les années à venir. Aussi, à partir de 2010, le Japon sera le

1. *Communications n° 37. Titre du numéro entièrement consacré à la question de grand âge. Avril 1983.*

pays où l'âge moyen sera le plus élevé et où le déclin du volume de la population sera le plus sensible.

Des démographes alarmistes

En France, le discours « anti-vieux » du démographe Alfred Sauvy a profondément marqué les esprits. Fortement influencé par ces auteurs allemands des années 1920, théoriciens de la décadence, et par la déroute française de 1940, son discours fut largement relayé par les médias. Il tint longtemps, par exemple, une tribune dans les colonnes [1] du principal magazine économique de l'époque, « L'Expansion ». Pour cette personnalité du débat économique, qui toute sa vie a cherché à promouvoir une politique nataliste, le vieillissement était la pire des choses car il entraînait inéluctablement le déclin d'un pays.

Le discours largement répandu tient en peu de mots : le vieillissement de la population est un facteur de déclin économique. En clair, les seniors ne s'intéressant pas à l'avenir (sous-entendu l'avenir des autres), ils ne sont pas mobilisés pour investir, pour anticiper, pour préparer les conditions économiques de demain... A cet attentisme culturel s'ajoute une baisse de dynamisme et de volonté. De la sorte un pays de vieux ne peut être qu'une zone économique en déshérence, en pente douce. Par ailleurs, pour nombre d'analystes aux approches marquées par un certain déterminisme, le vieillissement de la population est synonyme de baisse globale de la consommation par manque de dynamisme : les plus âgés, réputés vivre au ralenti, seraient peu sensibles

1. Parmi les tous premiers, Alfred Sauvy avait vu le retournement de 2006 dans le rapport actifs/inactifs. Il prônait des politiques natalistes devant s'inspirer des politiques initiées dans certains pays de l'Europe de l'Est de l'époque (« À l'Est vraiment du nouveau », *L'Expansion*, 24 mai 1985) où il réfléchissait à une nouvelle politique d'immigration (« Emploi, retraites et « immigrés » », *L'Expansion*, 19 avril 1985).

aux sirènes de la société de consommation, peu attachés au progrès et à l'innovation.

Les tenants de cette approche n'ont guère évolué depuis la problématique première développée il y a plus d'un siècle par Malthus. L'approche de l'économiste anglais tenait à l'adéquation entre les ressources, rares et fixes par définition, et le volume de la population en croissance. Ce débat était fortement lié à un environnement social et économique totalement dominé par un mode de production agricole et par une culture de la stagnation.
Or, toute l'histoire économique du siècle dernier s'explique en grande partie par la hausse de la productivité tant du travail que du capital. Cela tient à la diffusion toujours plus rapide de l'innovation technologique, aux progrès de la connaissance et de la formation des hommes, à la multiplication des moyens d'échanges, à l'importance donnée aux médias... Bref, le système économique se définit pour une large part à travers son degré de réactivité à l'innovation technologique. La question de l'adéquation du niveau de la population avec les ressources disponibles a ainsi laissé place à une problématique concernant les rapports dialectiques entre l'offre et la demande et leurs effets sur la croissance économique. Impossible de raisonner comme si l'efficacité d'une population ne se mesurait qu'en fonction de son volume. Cela dépend aussi de son niveau de formation, de mobilisation et de désir.

Le géographe René Brunet a montré combien les ressources internes des peuples jouaient dans leur capacité à modeler leur destin, à transformer l'état de nature en état de société. Pour sa part, Michael Porter[1] a développé la notion de « cluster », sorte de losange géographique où la conjonction de quatre pôles (qualité des facteurs de production,

1. Michael Porter, *L'Avantage concurrentiel des nations*, 1990.

raffinement des consommateurs locaux, intensité de la concurrence régionale et présence d'industries apparentées) crée une dynamique spécifique.
Jeremy Rifkin [1] ou Manuel Castels [2], parmi d'autres, ont aussi mis en valeur que notre époque est celle des réseaux et des services, qui créent un environnement différent où la force physique et l'âge ne jouent pas le même rôle que dans la période du XIXe siècle et du début du XXe marqués par la prédominance de l'agriculture.

De nouvelles manières de consommer

Or, toute l'histoire économique montre que le système social et productif est en constante évolution et trouve sa dynamique dans le prodigieux accroissement de la productivité du travail qui s'est encore accéléré au cours de la période récente. Ce qui relativise d'autant les menaces sur l'affaiblissement des forces productives. Si le vieillissement de la population ne nous semble pas devoir rimer par nature avec déclin, en revanche, il est évident que le nœud gordien de l'analyse se déplace vers la question des conséquences quantitatives et qualitatives pouvant affecter la demande. L'accroissement de la part des plus âgés dans la population ne peut que jouer sur les modes de consommation : les attentes et les priorités des seniors n'ayant plus d'enfants à charge ne sont pas les mêmes que celles exprimées par les couples avec jeunes enfants ou par les adolescents. En caricaturant à peine, une société où les seniors sont majoritaires peut préférer construire des lieux d'accueil pour personnes âgées plutôt qu'investir dans la création de nouvelles crèches. Plus intéressante serait d'ailleurs une réflexion sur la mise en place de lieux mixtes permettant un dialogue intergénérationnel entre personnes de grand âge et très jeunes

1. Jeremy Rifkin, *L'Age de l'accès*, 2001.
2. Manuel Castels, *L'Ere des réseaux*, 2000.

enfants. Les exemples vont se multiplier où, comme à Saint-Maur, des espaces mixtes voient le jour. De la même façon, certains biens et services devraient profiter de la hausse de la demande liée au développement de ces publics spécifiques : par exemple le tourisme, le bien-être et la santé, l'équipement de la maison, les systèmes de sécurité et de télé-surveillance...

Mais ce vieillissement accéléré de la population a aussi des répercussions sur les marchés financiers. L'excès d'épargne par rapport à l'investissement conduirait à la formation d'une bulle financière et au poids grandissant des fonds de pension américains qui recueillent l'argent des retraités et des actifs épargnant par précaution pour se préserver de la baisse de revenus liée à la faiblesse du montant des retraites. Cette approche peut sembler grosse de menaces en ce qu'elle entraîne une financiarisation croissante de la société. Mais, dans le même temps, elle contribue à orienter l'épargne vers le système productif. En ce sens, elle offre les moyens de construire l'avenir par l'investissement. Ici, les épargnants en vue du financement de la retraite participent du maintien de la « destruction créatrice », moteur du développement économique selon l'approche fulgurante de J. Schumpeter. On devra certes s'interroger sur la pertinence économique d'une démarche faisant la part belle aux fonds de pension, mais il apparaît que là encore rien n'est écrit, et surtout pas noir sur blanc.
L'avenir ne se conjugue pas au singulier. Les réponses sont plurielles, polymorphes et évolutives. André Latreille dans « Le Monde » du 5 juillet 1950 s'inquiétait déjà du vieillissement de la population et notait qu'il faudrait *« peut-être imaginer d'admettre à l'usine des ouvriers jusqu'à un âge plus avancé »*. Le journaliste, tout à son inquiétude, voyait déjà la possibilité de recourir à *« l'émigration vers des pays moins peuplés... »* Comme quoi cette angoisse face au vieillissement est puissamment inscrite dans notre culture.

Pourtant rien ne s'oppose à une révolution copernicienne des esprits, rien n'interdit d'imaginer d'autres formes d'activité et d'échange dans lesquelles les seniors et les retraités puissent trouver leur place. L'expérience, le savoir-faire, le savoir-être, la capacité à anticiper, à dialoguer et à comprendre sont autant d'atouts portés en large part par les seniors. Autant d'atouts utiles à nos sociétés de demain. Il faut regarder avec des yeux neufs la séniorité de nos sociétés.

Une révolution sémantique. Les ressources de la langue sont multiples pour ne pas affronter la réalité – ou au contraire pour tenter de la décrire. Il en est ainsi des termes qui peuvent rendre compte de l'âge. Petit florilège : « vieillards », « vieux », « petits vieux », « personnes âgées », « aînés », « troisième âge », « vétérans », « valeureux », « retraités », « anciens », « ancêtres », « sages », « inactifs », « seniors », « matures », « papy-boomers », ou même « tempes grises », « cheveux argentés », « flamboyants », « silver » (équivalent anglo-saxon de « cheveux argentés »), « retirés » (traduction littérale de l'américain « retired »), « masters »... sont autant de termes qui s'inscrivent dans un contexte historico-culturel. Ils tentent de recouvrir sous un même vocable une hétérogénéité de situations sociales et physiques, une multitude de comportements, une diversité de générations, une multiplicité de regards... mais un même statut devant l'état civil.

Et pourtant ce qui compte, ce n'est pas l'âge officiel mais l'âge réel, porté en chacun de nous. Poète, vos papiers ! chantait Ferré. Aujourd'hui, ce serait senior votre attestation de retraite !

La terminologie dépend d'abord du contexte socioculturel. Dans le monde africain, les personnes âgées sont valorisées comme des sages. La sémantique évolue aussi en fonction de l'époque et de la culture dominante. Dans le monde anglo-américain, on utilise le terme « aging » plu-

tôt que vieillissement. Il marque bien le refus de la dramatisation à outrance des enjeux et la distance prise par rapport aux discours venimeux du début du XXe siècle associant le vieillissement à la décadence et au déclin.
Les mots ne sont jamais innocents. L'appropriation par le public et les médias du terme senior va au-delà de l'effet de mode. Il est signifiant à plus d'un titre. Bien sûr, il est loisible de se gausser d'un langage elliptique et politiquement correct. Comme il existe les malvoyants et non les aveugles, les déficients mentaux et non les handicapés, ou encore les malentendants plutôt que les sourds, il y aurait les seniors en lieu et place des vieux et des anciens pour éviter de dire les personnes âgées.
Ce glissement sémantique est cependant gros de significations plus profondes. Le terme de senior a fait florès depuis la fin des années 1980. Il englobe plusieurs situations sociales (l'actif, le préretraité et le retraité) ; il reste flou sur la limite d'âge (selon les études, les auteurs et les pratiques, le senior débute à 45-50 ans, à 50-55 ans, ou à 60-65 ans).
Le terme de senior se veut porteur d'une image positive qui s'oppose aux dénominations traditionnelles. Elle provient d'abord de l'utilisation d'une terminaison sportive (junior, senior et vétéran) d'origine latine marquant les âges de la vie et l'entrée dans la maturité, mais aussi la continuité entre les générations et l'insertion constante dans un même monde compétitif. Mais l'esprit de compétition doit-il être la seule voie possible ?
Le terme senior est en outre une référence au vocable américain qui suggère une modernité propre et signifiante au regard des référents culturels de la société française. Ensuite, il insère la personne concernée dans les références du monde de l'entreprise où être senior correspond à une catégorie d'actifs particulièrement valorisée en termes d'expertise. Ainsi, chacun peut être confronté dans sa vie professionnelle à des responsables – ou des responsabilités – qui portent comme dénomination senior manager, consultant senior, chef de produit

senior... Ces termes s'opposent à ceux de junior, c'est-à-dire que l'antagonisme vieux/jeune ou out/in laisse place à celui autrement plus valorisant de confirmé/débutant ou encore d'expérimenté/inexpérimenté.

Enfin, le terme de senior évacue le social. Qualifier un individu de vieux, c'est d'une certaine façon l'inscrire du côté des vieillards. C'est-à-dire finalement des assistés, des inutiles et de ceux qui se rapprochent de la mort. Donc, de notre mort. À l'inverse, le mot senior indique que l'individu entre dans une nouvelle étape de sa vie, qui peut être aussi active que les précédentes.

Le regard de la société sur elle-même et sur les valeurs qu'elle véhicule semble être primordial, particulièrement dans les notions de travail et d'activités, dans les mutations en cours, en relation avec celles d'utilité et d'efficacité. Le senior (et pas seulement lui) ne peut-il pas trouver d'autres modes d'identification que le travail ?

Ces constatations expliquent que le terme senior tend à remplacer les appellations comme personnes âgées ou troisième âge. Ce glissement sémantique est tout à la fois culturel, social et idéologique : le statut économique – marqué par une hausse du pouvoir d'achat disponible et des nouveaux besoins – est privilégié par rapport à une situation physique ou sociale moins valorisante et plus embarrassante à valoriser. C'est aussi une conséquence de l'évolution de la pyramide des âges : la montée en puissance d'une génération vieillissante qui a fait la France d'aujourd'hui et refuse le miroir de la vieillesse. Qui le dénie même dans les mots car elle le récuse dans les faits.

Si fondamentalement vieillir c'est se résigner, alors ce n'est pas l'âge, ce n'est pas la date inscrite sur la carte d'identité qui sont en cause mais bien l'attitude, le comportement, la puissance du désir. Il n'y a pas d'âge pour commencer à être vieux dans sa tête, pour abdiquer tout projet et tout désir. Si le regard de la société sur les seniors change, c'est d'abord parce que la réalité évolue : il y a tout juste un siècle, dans les sociétés occidentales, la vieillesse commençait à quarante ans ; au début du XXIe siècle, elle débute de fait après soixante quinze ans. En un mot, la notion de vieillesse – ou celle de senior – est subjective. Elle dépend en premier lieu d'un contexte culturel et de la capacité de chacun à se remettre en cause, à écouter l'autre, à sans cesse réactualiser ses connaissances. Bref, à savoir se positionner toujours comme un apprenti. La variable discriminante et modulable devient celle de la capacité à comprendre le monde qui bouge, à rester en éveil, en curiosité, en appétit de savoir, de comprendre et d'agir. Quel que soit l'âge, être en vie consiste d'abord à conserver intacte sa capacité d'étonnement.

CHAPITRE 2

L'entreprise a besoin des seniors !

Il y a quelque chose de sidérant pour qui vient de Bordeaux, Lyon, Paris ou Brest à passer la porte d'un magasin à Milan, Londres, Porto ou Stockholm : dans ces villes européennes, il n'est pas rare, loin s'en faut, d'être servi par une personne âgée. En France, le senior est exclu de l'entreprise ; dans la plupart des autres pays d'Europe, il fait toujours partie du paysage des actifs, en particulier dans le secteur des services.

L'entreprise reste de loin le premier lieu d'activité sociale et d'échange entre les personnes. Elle arbitre aussi en très large partie la fonction sociale de chacun d'entre nous. La hiérarchisation dominante de nos sociétés fait la part belle au rôle que l'on tient dans la sphère économique : c'est en réalité la mesure de notre utilité sociale. Les enjeux financiers, concernant les équilibres des dépenses sociales viennent en outre parasiter un regard d'abord centré sur les effets microéconomiques du rapport social à l'âge.

Sur le marché aux idées on trouve de tout… et son contraire. Les uns expliquent combien l'entreprise doit pouvoir répondre aux attentes des différents segments du marché en visant d'abord les jeunes consommateurs ; les autres insistent sur l'impératif de compétitivité qui nécessite de composer les effectifs à partir du critère essentiel de l'âge ; sans compter ceux qui rappellent que l'allongement de la

durée du travail est la seule solution pour répondre à l'augmentation de l'espérance de vie.
La question du vieillissement de la société, et donc des consommateurs comme des salariés, ne pouvait laisser insensibles les acteurs économiques. Mais la prise de conscience se fait très lentement et presque dans la honte. Il en va pourtant de leur capacité à comprendre et à répondre aux attentes et aux besoins du marché, comme à penser la construction interne de la pyramide des âges de chaque entreprise.
Non seulement les seniors représentent une part croissante de la demande tant en volume qu'en valeur, mais en outre, la diminution de l'apport des classes d'âge les plus jeunes nécessite de repenser l'approche de l'activité des seniors dans le système productif.

De gré ou de force, il faudra bien que nos élites politiques et économiques, comme nos montreurs d'images, comprennent que les sociétés occidentales ont changé d'ère. Les années 1970-1990 étaient celles de la croissance molle et de la main-d'œuvre abondante, ce qui favorisait une gestion de l'emploi uniquement quantitative avec l'éviction du marché du travail des plus de 55 ans et le maintien des plus jeunes aux portes de l'entreprise. Dorénavant, et plus encore à partir des années 2010, il faudra agir dans un univers où, à législation constante, la population capable de travailler va décroître. Tout dépendra donc de notre capacité à penser autrement notre rapport à la retraite et à l'âge. L'enjeu sera d'imaginer le long terme et non de réagir au coup par coup à travers une politique « de l'extincteur » social.
En réalité, le problème est qu'aucune ligne claire n'est réellement énoncée. Un même chef d'entreprise peut à la fois défendre à travers son syndicat, le Medef, une position visant à porter progressivement la durée du travail à 45 annuités tout en négociant dans sa propre entreprise des

départs en pré-retraite dès 55, voire 53 ans. Schizophrénie ? Incohérence ? Logiques successives et contradictoires ? En tout cas, ce « faites ce que je dis et pas ce que je fais » conduit logiquement à l'infantilisation du débat public, à l'impossibilité de poser en termes compréhensibles par tous les équations à résoudre.

Vingt-cinq ans de compromis

Voilà plus de vingt-cinq ans que l'ensemble des partenaires sociaux s'accorde sur un compromis qui arrange tout le monde mais qui insulte l'avenir. Globalement, la paix sociale a été achetée au travers d'une transaction peu glorieuse avec les salariés quinquagénaires dont les départs en pré-retraite étaient justifiés par l'embauche de jeunes demandeurs d'emplois. Ce compromis correspond souvent à l'attente des personnes concernées par les mises en pré-retraite, soit que leurs conditions de travail sont réellement difficiles, pénibles ou éprouvantes pour le mental, soit parce qu'elles ont été dégoûtées par l'absence de toute formation ou promotion. De même, les plus jeunes approuvent cette logique de vase communiquant qui leur donne à penser que l'heure de la succession est arrivée. Un raisonnement fondé sur le « à chacun son tour » et non sur le « faisons ensemble ». Un raisonnement d'hémiplégie intellectuelle qui malheureusement ne se limite pas à ce seul domaine.

L'Etat, pour sa part, préfère financer des retraites plutôt que des chômeurs, bien que le coût de revient ne soit pas identique, car les premiers sont réputés moins remuants que les seconds. Par ailleurs, c'est là une façon de recueillir les bonnes grâces des syndicats de salariés et de s'offrir une image socialement correcte tout en favorisant par ce moyen détourné, une diminution des chiffres du chômage. Quant au patronat, il a toujours vu là une façon commode et discrète de réduire sa masse salariale et de recomposer ses effectifs sans financer lui-même les efforts de formation.

Si la conséquence de cette politique se retrouve d'abord dans les chiffres, elle pèse surtout grandement sur nos façons de penser et d'agir. Le rapport de la société dans son ensemble à la symbolique de l'âge en est durablement affecté. La France détient ainsi le triste record du taux de non employés après 55 ans, et après un quart de siècle de ce type d'approche, les esprits sont déformés au point d'influencer profondément notre manière d'appréhender la question de l'âge au travail.

Si entre 50 et 55 ans, encore 70 % de la population exercent un emploi, le taux s'effondre pour les 55-60 ans, avec seulement 48 % d'actifs. Entre 60 et 64 ans, ils ne sont plus que 10 % à travailler. En comparaison, rappelons qu'en Suède, 68 % des 55-64 ans exercent encore une activité.

Selon l'indicateur « Le Monde-Eurostat » de décembre 2001, seuls 29 % de l'ensemble des 55-64 ans sont encore en activité (27 % en Italie mais 63 % au Japon). Le gâchis est sans limite. Ainsi, les plus formés, les cadres, sont eux-mêmes particulièrement touchés : entre 55 et 59 ans, seulement 58 % disposent d'un emploi [1]. Pire, entre 1970 et 1998, le taux d'activité des 50-60 ans a chuté de cinq points.

Le spectre de la pénurie d'emploi

Une enquête [2] de la Direction de l'animation et de la recherche des études et statistiques révèle d'abord que plus d'un million d'actifs quinquagénaires (plus de 15 % de la population concernée) sont exclus du marché de l'emploi en étant parqués dans le no man's land du chômage, de la pré-

1. L'Économie française 2001-2002, Références, Hachette.
2. Enquête de la Dares, « Les Quinquas entre l'activité et la retraite », octobre 2001.

retraite ou de la dispense de recherche d'emploi. Cette situation a pour effet d'assoupir la conscience des Français : pourquoi réfléchir à une autre approche de la retraite ou de l'activité des plus âgés puisque la question ne se pose pas faute de personnes concernées ? Pourquoi investir sur la formation d'un cadre de 48 ans, si dans moins de cinq ans, il a toutes les chances de ne plus être employé ? Ce consensus crée par ailleurs une façade d'unanimisme qui ne joue pas en faveur de la réflexion. Ni de la capacité de la société française à anticiper la nouvelle donne démographique et ses conséquences pour l'emploi dans les entreprises.
L'âge moyen de la population en âge de travailler passera de 38,2 ans aujourd'hui, à 42 ans à partir de 2010. La situation des années à venir n'aura donc plus rien de comparable avec celle qui a présidé aux années 1980-2000. Si ce compromis boiteux et lâche pouvait hier être supporté par la société, aujourd'hui il est impossible de poursuivre dans cette voie. La pyramide des âges ayant continué d'évoluer au profit des aînés, il est de moins en moins cohérent de vouloir procéder à leur éviction de l'entreprise sauf à ce qu'il n'y ait plus besoin de bras pour faire tourner la machine économique. Les générations nées après 1975, amputent le marché du travail de l'arrivée annuelle de 100 à 150 000 personnes. A l'inverse, à partir de 2006, à législation constante, le flux de sortie de l'activité économique des baby-boomers va s'accélérer.

Le terme pénurie d'emploi est brusquement revenu dans le vocabulaire des décideurs économiques alors que les « vingt douloureuses » qui ont marqué les années 1980-2000 furent celles du chômage et de la gestion des sureffectifs. A partir de 2006, il reviendra avec plus de force encore. Si la population active devrait encore augmenter d'un million d'individus jusqu'en 2006, le départ en retraite par vagues de force 10 des générations issues du baby-boom jusqu'en

2035 va entraîner une inversion forte. En 2040, le niveau de la population active sera revenu à celui de 1993.
De la même façon, cet effet de ciseaux renforcé par la faiblesse du taux d'activité des plus de cinquante ans, viendra se catapulter sur les besoins de financement du système des retraites. Les plus de cinquante ans rendus inactifs seront autant de non-cotisants à la retraite et pour partie de bénéficiaires des cotisations. Par ailleurs, il serait étrange, voire surréaliste, que les consommateurs avancent toujours plus en âge tandis que les vendeurs resteraient jeunes et lisses. En refusant de regarder ses rides, cette société se comporte de manière suicidaire, préférant la politique de l'autruche à celle de l'avenir. Or, la seule réponse constructive passe, qu'on le veuille ou non, par une meilleure prise en compte des seniors. Cela doit se traduire par l'expression d'une volonté de renforcer l'intégration de cette génération essentielle dans l'entreprise.

Durant toutes ces années, le choix d'une politique strictement comptable nous a fait oublier que les seniors n'étaient pas seulement une charge mais qu'ils contribuaient aussi au développement de l'entreprise. Ils en sont tout à la fois la mémoire, les détenteurs du savoir-faire et les passeurs entre les générations. Si le salarié de plus de cinquante ans, ne se distingue plus nécessairement par sa capacité physique, ni par sa force pure, en revanche il peut apporter à l'entreprise et à ses collègues son expérience professionnelle, sa connaissance intime de l'entreprise, sa perception des clients et de l'environnement. Autant de données difficilement mesurables qui pourtant concourent à la productivité de l'entreprise et de ses salariés, à l'attractivité de l'offre de la firme face à ses clients. A l'heure où la force physique ne concerne plus qu'une infime partie de l'activité économique, le savoir-faire et le savoir-être des quinquagénaires comme des sexagénaires apparaissent de plus en plus pertinents et nécessaires au développement des organisations, et en particulier de l'entreprise.

Le senior se pose souvent d'abord comme un expert, qui a acquis au fil des années une connaissance encyclopédique, intime et pratique d'un métier. C'est pourquoi d'ailleurs, il est fréquent que sa seule planche de rebond professionnel passe par une transformation en consultant plus ou moins valeureux. Pourtant sa « valeur ajoutée » ne peut se résumer à ce seul aspect. D'autant qu'un savoir trop spécialisé est aussi source de fragilité au sens où sa valeur marchande peut disparaître en fonction des mutations technologiques ou de la demande du marché. De moins en moins la différence se fera sur le geste technique ; ce sera plutôt l'attitude, la capacité à gérer le changement qui marquera la distinction entre les personnalités. C'est pourquoi le senior devra d'abord être un passeur, un transmetteur de savoirs technologiques, humains ou émotionnels. Cela se produit encore trop rarement.

Il me souvient d'avoir vu chez SIP, une imprimerie en région parisienne, un ouvrier typographe transmettre à un jeune employé son expérience et son amour pour pouvoir maîtriser une antique machine, toujours utile à la réalisation de certains travaux. Ces deux-là devaient faire équipe durant deux ans pour que le savoir-faire de l'un ne disparaisse pas au moment de son départ. Ce qui aurait eu pour effet de rendre la machine inutile. Bien que comptant parmi les secteurs où l'évolution technologique a été particulièrement forte et grosse de conséquences pour l'organisation du travail et la formation des salariés, l'imprimerie nécessite aussi la préservation de certains savoir-faire.

Les exemples sont multiples où le départ d'un salarié – ou d'un groupe générationnel – a entraîné la disparition d'un savoir-faire, d'un tour de main. Cela ne concerne pas seulement les entreprises à forte culture industrielle. Il y a plus d'une dizaine d'années, Rhône-Poulenc a dû financer toute une série de thèses de doctorat de chimie pour tenter de retrouver la « formule magique » qui permettait de réussir la fabrication de certains médicaments, comme celui permettant de lutter contre la léchmaniose : après le départ à la retraite d'un ingénieur de préparation, il était devenu impossible de reproduire les conditions de réalisation de cette solution...

Paule Vera-Finocchi, qui préside à cinquante trois ans la société cannoise Cyrnos, donne pour sa part un autre exemple tout aussi symptomatique : *« L'un de nos plus anciens salariés a trouvé de lui-même un rôle à sa mesure dans l'entreprise durant ses dernières années d'activité. Il était devenu l'élément intégrateur des nouveaux venus, leur faisant découvrir la réalité de l'entreprise comme les contraintes et les trucs des métiers graphiques. Lorsqu'il a pris sa retraite, il a créé un musée de l'entreprise qui intéresse tout autant les nouveaux embauchés que les familles des salariés ou les écoles de la région. »*

Mais des milliers d'entreprises, moins prévoyantes que Cyrnos, ont licencié en masse la génération des quinquagénaires, sans comprendre que cette saignée laissait sans mémoire, sans histoire, une communauté d'hommes et de femmes. Comble d'ironie, aujourd'hui, certaines entreprises doivent financer des bourses de recherche de thèses ou des historiens spécialisés pour reconstituer leur histoire.

En France, contrairement à ce qui s'est passé en Allemagne ou dans les pays nordiques, l'effort de formation des salariés a été trop insuffisant pour permettre une constante remise à niveau des plus anciens. Les politiques de pré-retraite ont ici fait office de plans de formation. Et pourtant, plus le domaine d'activité est soumis au vent des bouleversements technologiques et organisationnels, plus la formation doit être au cœur des stratégies de développement, de la gestion des effectifs et de la pyramide des âges.

Ce qu'on appelle l'expérience...

Le salarié mature apporte à l'entreprise, et dans l'équipe où il se trouve, une source de sérénité, de référence. Chaque communauté a besoin de sages qui tempèrent et canalisent les énergies. Les plus âgés sont globalement moins soupçonnés d'ambition, aussi leurs conseils et leurs interventions sont plus facilement acceptés d'autant qu'ils ont la légitimité de la compétence et de l'expérience.

La maturité personnelle et professionnelle peut jouer comme un stabilisateur bienvenu dans certaines équipes où les individualités des uns et des autres entraînent parfois plus de dysfonctionnements que d'efficacité. Les exemples sont multiples où l'arrivée d'un quinquagénaire a permis la recomposition d'un groupe. Les personnalités plus aguerries ou qui ont, par apprentissage de la vie, acquis un sens du dialogue et de la diplomatie, favorisent souvent une catharsis nécessaire pour redonner du sens à la notion de travail d'équipe. Trop débridée, l'émulation rime en effet souvent avec concurrence destructrice faisant passer au rang d'accessoire la notion de projet commun.

Rappelons-nous les (très courtes) années flamboyantes de la nouvelle économie où quelques freluquets pouvaient du haut de leur vingt ans et de leur suffisance « brûler » des dizaines de millions. Elles ont rapidement laissé place à des organigrammes où, lorsque la société n'avait pas disparu, étaient remis à l'honneur des individus plus âgés et porteurs de valeurs de pondération, d'expérience et de connaissance des hommes et des marchés. Certes, il importe de ne point succomber à un quelconque angélisme simplificateur : comme le signale avec franchise Gérard Fournier, le fondateur de Boyden Interim Executive (voir ci-après), il est naturellement possible de rester incompétent quel que soit l'âge considéré. La maturité n'est en aucun cas un brevet d'excellence : Aragon ne disait-il pas que « *c'est avec les jeunes sots que l'ont fait les vieux cons...* » Cependant, la société et les entreprises ont accepté un formidable gâchis humain et économique en se privant de l'apport des seniors. Hier ce gâchis était regrettable, demain il sera impardonnable.

Jusqu'à présent le « modèle français » a privilégié une approche linéaire et statique des temps de vie. Ils sont globalement découpés en trois tranches : la tranche formation, la tranche travail et la tranche retraite. Hors de ce triptyque point de salut.

Or la vie n'est pas si simple et l'environnement bien moins statique qu'auparavant. Les pays du Nord depuis longtemps raisonnent sur la notion de cycle de compétence sans trop regarder l'âge de la personne concernée. Car la question centrale n'est pas celle du nombre d'années restant avant la retraite mais de la compétence à l'instant T et des besoins de la sphère économique au même moment.

En clair, si l'économie définit un type de besoin, le dispositif de formation se met en marche pour y répondre et former le volume nécessaire de population. Cette approche implique d'abord un regard différent sur l'âge au sens où l'individu est pris pour ce qu'il est capable d'apporter à l'entreprise et pour sa capacité à s'adapter, et non pas considéré en fonction du temps « utile » qu'il lui reste à donner à l'entreprise. Cette démarche suppose une culture de la formation considérée comme un élément central d'adaptation et un facteur essentiel favorisant l'anticipation des mutations. Nous voilà loin d'une approche de la formation limitée à une réponse utilitariste et statique face à une problématique donnée.

Plus généralement, le problème central de la société française tient pour une large part à l'incapacité d'un grand nombre de ses chefs d'entreprises et de ses managers à penser la formation continue des salariés comme un élément de stratégie de développement et d'adaptation au marché. En France, la formation continue répond d'abord à une logique fiscale.

Le socle de la formation initiale

Au regard de l'avenir des seniors dans l'entreprise, il est évident que le choix récent, et souvent vilipendé, de mener le plus de jeunes possible au bac et au delà, s'inscrit parfaitement dans une logique d'adaptabilité permanente de l'homme à l'emploi. Ce choix est donc porteur d'avenir pour les futurs seniors qui seront dès lors capables d'évoluer de plus en plus facilement d'un emploi vers un autre. Il y a ainsi d'autres alternatives que le passage de l'emploi au non-emploi à vie. Le premier capital étant le capital humain, il est conditionné par le degré de formation initiale et générale : chaque année supplémentaire passée en formation génère un accroissement de la productivité moyenne. Ce socle essentiel permet aux bénéficiaires de changer avec un minimum de dommage et de stress d'emploi, de fonction ou d'environnement. Par ailleurs, l'élévation du niveau moyen de formation initiale est une bonne façon « d'apprendre à apprendre » et donc favorise l'acquisition de connaissances techniques et développe le goût de l'échange et la curiosité pour la différence et l'innovation. C'est par là même une source de réduction des différences culturelles qui favorise et facilite la mobilité géographique.

Trop souvent, la formation des salariés s'est limitée à l'acquisition de savoir-faire professionnels restrictifs ne concernant qu'une seule activité, un seul geste. L'objectif était de rendre les opérateurs de plus en plus performants dans un domaine toujours plus spécifique. Avec le risque de se retrouver « out » en cas de brusque revirement technologique, de la demande ou de l'allocation géographique de l'activité concernée. Voilà pourquoi le maintien et le développement d'une capacité à s'adapter et à rester en phase avec les évolutions et les mutations de l'environnement économique, social ou technologique est essentiel.

Il est trop facile de s'étonner que des gens enfermés dans un rôle social et maintenus dans une dépendance intellectuelle en raison de compétences stratifiées ne puissent développer l'énergie nécessaire, ni la capacité intellectuelle, pour se remettre en cause, pour réinvestir un autre secteur d'activité, une autre compétence. Impossible en effet de demander, avec des accents incantatoires, à des individus ayant quitté les bancs de l'école très tôt et n'ayant jamais bénéficié d'une formation autre que celle du geste technique, de se former dans l'allégresse à un nouveau métier. D'ailleurs, à bien regarder ceux qui demandent ce type d'effort, on constate souvent qu'eux-mêmes, bien que disposant d'un extraordinaire capital formation, n'ont jamais réellement changé d'activité et encore moins d'univers social.

Mais les choses évoluent. Déjà les seniors d'aujourd'hui ont bénéficié d'un degré de formation supérieur à leurs aînés : en 1958, 45 % d'une classe d'âge entraient en 6e [1]. À l'époque, seulement 5 % de cette génération atteignaient le niveau Bac. Comparés aux générations précédentes, ils sont donc déjà mieux armés pour affronter les mutations sociales et techniques et mieux à même de pouvoir, dans bien des cas, évoluer dans des univers professionnels différents. Les seniors de demain seront pour 40 % d'entre eux bénéficiaires du niveau Bac.

Cette nouvelle approche demande à être mise en place au plus tôt. Ce qui est en jeu aujourd'hui, c'est aussi la formation des 40-45 ans. Pour éviter de reproduire les erreurs du passé, il faut tout faire pour enclencher une spirale vertueuse de la formation afin que cesse cette prétendue incapacité des seniors à poursuivre leur formation, à savoir se remettre en question, s'adapter.

Ce qui est en cause, ce n'est pas l'âge de la personne mais bien sa capacité à évoluer, sa motivation à affronter les chan-

1. « Les 50 années qui ont changé la France », Sofinco, octobre 2001.

gements. Certes, de ce point de vue, la personnalité et l'origine culturelle jouent un rôle central, mais le niveau de formation initiale et l'attention portée à une mise à niveau régulière des compétences et des connaissances, spécifiques et surtout généralistes, participent fortement de cette appétence. Et sont constitutives de la personnalité.

Si la formation initiale est un investissement rentable pour l'ensemble de la société, il apparaît tout aussi fondamental de poursuivre dans cette voie en s'inscrivant dans une logique nouvelle où tout au long de la vie, les périodes d'apprentissage et de découverte, alterneront ou seront parallèles à chaque phase du parcours professionnel. Ces moments de formation seront tout aussi bien destinés à être directement opérationnels qu'à élargir l'horizon culturel des personnes concernées.

Mais le chemin est encore long dans un pays où les formules du type *« à 47 ans vous êtes bien trop âgé pour engager une formation »* sont monnaie courante. Combien de personnes ont subi l'humiliation de ce mot d'ordre qui décrète qu'après 45 ans on est « trop vieux pour évoluer » ? Combien d'entreprises continueront encore comme Henkel, dont le plan social, annoncé début 2002, touche certains sites de production en France et prévoit le départ en préretraite et en cession anticipée d'activité dès l'âge de 53 ans pour les salariés, de régler par la soustraction des quinquagénaires ses difficultés économiques ?

Hormis le poids des mentalités et la question de la formation, la barrière de l'âge trouve sa justification pour une large part dans la supposée faiblesse de la productivité des seniors. Or, aucune étude scientifique n'a jamais mis en exergue un lien quelconque entre l'âge et la productivité. Comme le soulignait dans un récent rapport le sénateur

Plancade[1], lorsqu'on fait le lien entre l'économique et le vieillissement, la vision est a priori négative.
Encore une fois, si l'on met de côté la force physique, le lien causal entre vieillissement et perte de productivité au travail ne paraît pas fondé. Les travaux de l'OCDE, en particulier, ont fait ressortir l'absence de l'impact de l'âge et du vieillissement sur la productivité moyenne des pays développés. Et cela d'autant plus que les nouveaux seniors sont – et seront – en meilleure santé que leurs aînés, de mieux en mieux formés et éduqués, et qu'ils continueront de bénéficier de l'atout de leur capital expérience. Il apparaît même, que la productivité au travail tend à croître avec l'âge. Même si après cinquante ans, cette progression est moins rapide.

Pour sa part, François Hurel, délégué général de l'APCE (Agence pour la création d'entreprise) expliquait dans un rapport paru au début de 2002, que les créateurs d'entreprise de plus de cinquante ans ne sont pas des cas exceptionnels. Les seniors sont même trois fois plus entreprenants que leurs cadets. D'une façon plus globale, sur un plan macro-économique, il y a fort à parier que le vieillissement n'aura aucun effet négatif sur les performances de l'économie. En revanche, c'est la qualité de la performance qui devra changer : la demande continuera d'évoluer sous l'impulsion du vieillissement et la présence croissante de seniors au sein de l'entreprise nécessitera plus que jamais une adaptation de l'organisation interne.

1. « Vivre plus longtemps : quelques conséquences économiques », Jean-Pierre Plancade, les rapports du Sénat, 2000.

Les anciens en renfort

Aucune étude ni aucun fait ne militent en faveur d'un discours assimilant vieillissement et perte de compétitivité. Plus encore, l'histoire récente montre combien les seniors ont su tenir leur rang lorsque quelques portes se sont entrebâillées. Contraintes et forcées, il est vrai. En effet, il est arrivé ces dernières années que par la force d'un besoin spécifique ou d'un événement exceptionnel, l'idéologie anti-vieux laisse place temporairement au pragmatisme. Parfois, nécessité fait loi. Ce n'est pas un hasard si d'anciens informaticiens, apparaissant totalement dépassés un an auparavant, sont redevenus en odeur de sainteté au moment de la préparation au passage à l'an 2000. Pour intervenir sur certains programmes écrits une vingtaine d'années plus tôt, seuls les vétérans connaissaient encore des langages désormais inusités, comme le Cobol. Autre exemple, la tempête de 1999 a conduit EDF à demander l'aide de jeunes retraités pour prêter main fortes aux actifs. Le passage à l'euro a conduit La Poste à faire intervenir des anciens sur la période de décembre 2001 à février 2002, pour là aussi venir conseiller et soutenir les salariés en activité. La démarche de La Poste relève explicitement d'un besoin de bras compétents – c'est-à-dire sachant gérer des opérations en guichet avec sérénité et maîtrise – pour répondre à un surcroît de travail. Mais il s'agit aussi de faire intervenir des personnes disposant de l'expérience du contact avec la clientèle et d'une capacité à juguler l'inévitable nervosité liée à cette période exceptionnelle.

Aux États-Unis, le gouvernement fait appel depuis les attentats du 11 septembre 2001 aux retraités volontaires pour venir renforcer les services publics : ingénieurs du génie civil, pompiers, médecins, mais aussi agents de la CIA ou du FBI ont repris du service. Ces retraités peuvent cumuler salaire et pension de retraite.

Concernant l'initiative d'EDF, nous avions parlé à l'époque

d'alliance sociale historique[1] mais il faut bien reconnaître que cette alliance est restée le plus souvent anecdotique et fort limitée dans le temps... Mais pourquoi, par quelle opération indéfinissable et mystérieuse, ce qui a pu être légitime et logique au moment du passage à l'an 2000 ou de l'euro, ne le serait plus quelques mois plus tard ? La compétence des seniors n'est pas une vue de l'esprit, ni un accident de l'histoire. Les entreprises qui sont allées à la recherche des seniors perdus avaient bien conscience de la compétitivité humaine et physique de cette population si souvent jugée dépassée.

Pour la dix-septième fois, en mai 2001, Emma Schweer a été élue pour un mandat de quatre ans au poste de percepteur de la ville de Crete dans l'Illinois[2]. Emma avait alors 104 ans et annonçait son intention de se représenter en 2005... Exemple caricatural ? Peut-être, mais conduite exemplaire assurément.

Et pourtant, ils sont encore nombreux ceux qui regardent toujours les seniors avec les mêmes lunettes qu'il y a vingt ou quarante ans, sans comprendre que les plus de cinquante ans d'aujourd'hui disposent pour la majorité d'entre eux, d'un capital santé et d'un capital humain – fait d'une meilleure formation initiale et de compétence acquise – bien plus performants que leurs aînés. A l'opposé des idées reçues, ils ne sont pas les laissés-pour-compte de la productivité, mais au contraire des acteurs qui peuvent être particulièrement en phase avec les critères communément admis.

Combien sont-ils ceux que les discours ou les regards ont rejetés à la marge ? Combien sont-ils ceux que le racisme anti-vieux a laissés sur le bas côté de l'entreprise alors que leur compétence et leur motivation étaient intactes ?

1. *Le Boom des seniors*, Serge Guérin, Economica 2000.
2. In Seniorscopie.com, mai 2001.

Robert B., par exemple : durant vingt ans il a parcouru les mers comme skipper ou convoyeur de bateau. L'âge venant, il a d'abord tenté sa chance en ouvrant une boutique de PAO et reprographie. Avant de trouver sa voie comme organisateur de voyages d' « incentive ». Malheureusement pour lui, l'entreprise le licencie quelques années plus tard. Et voilà la litanie des rendez-vous manqués : « *À chaque fois, le discours est le même, mon parcours intéresse mais mon âge est trop élevé. Il y a toujours un candidat plus jeune qui est choisi.* » Ou encore : « *A chaque entretien, je m'entends dire que je suis surdimensionné pour le poste. Une façon diplomatique de me faire comprendre que je suis trop vieux. C'est totalement décourageant* ». Et pourtant, le mouvement s'accélère, les exemples se multiplient qui démontrent la capacité des seniors à se remettre en cause, à défier le déterminisme social anti-âge.

Les vingt dernières années resteront marquées d'une pierre noire tant le poids conjugué de la vision à court terme des décideurs et la mentalité dominante totalement imprégnée de jeunisme ont œuvré pour tenir les seniors en situation de dépendance, pour leur faire intérioriser une supposée incompétence et incapacité à participer à la modernité. Les politiques ont été les premiers à démissionner alors même que l'honneur de leur fonction serait de savoir aller à contre-courant, à penser et à préparer l'avenir : trop rares furent leurs tentatives destinées à inverser le cours des choses. Et pourtant, ils sont aux premières loges pour défendre les valeurs de l'âge, eux qui expérimentent à leur bénéfice depuis fort longtemps les effets positifs de la longévité... Faut-il dérouler la longue liste des politiques qui sont – ou étaient – toujours en activité à 75 ou 80 ans passés ? En ce domaine, le record revient à Strom Thurmond, cet élu américain de la Caroline du Sud qui, à 98 ans largement passés, tient encore son rang au Sénat américain. On notera d'ailleurs la propension de beaucoup d'entre eux à croire nécessaire de faire oublier leur âge en affectant de parler « jeune ». Un comportement aussi ridicule qu'improductif.

Les politiques manient le bâton

En fait, la seule tentative politique notable dans cette période restera le vote de la Loi Delalande en 1987. Cette loi – ou plutôt amendement – du nom d'un député RPR qui a été introduit dans le projet de loi contre le chômage de longue durée, dispose que chaque entreprise licenciant une personne de plus de 55 ans doit verser une contribution égale à trois mois de salaire brut du salarié concerné aux Assedic. En 1991, cette disposition est élargie aux licenciements de salariés de 50 à 55 ans. En 1998, le barème est doublé pour les entreprises de plus de 50 salariés. La loi de modernisation sociale entendait doubler encore la mise.

Faute d'avoir su faire évoluer les mentalités en présentant les enjeux économiques, sociaux et culturels de la prochaine révolution démographique, les dirigeants politiques se trouvent réduits à manier le bâton. Avec des résultats discutables car, si le renchérissement du coût des licenciements des seniors permet à la collectivité de reprendre une partie des sommes dépensées par la faute de cette pratique ségrégationniste et si cela a pu freiner les ardeurs de certaines entreprises pour des licenciements d'état civil, à l'inverse, l'amendement Delalande a aussi dissuadé d'autres firmes d'embaucher des seniors. De peur de ne pouvoir s'en séparer sans surcoûts conséquents.

Plus sûrement encore, il apparaît que ce haut fait parlementaire, qui dramatiquement ne fut pas accompagné de la moindre mesure de communication et d'explication, n'a pas conduit à faire bouger les mentalités. En particulier auprès des responsables d'entreprise, il n'aura pas joué le rôle d'un salutaire électro-choc.

Les mentalités finissent toutefois par évoluer sous les effets de la contrainte des réalités. La pression démographique, la prise de conscience croissante de ce gâchis et les effets de la hausse du niveau moyen de scolarité sont autant de phénomènes qui se renforcent les uns les autres pour conduire, très lentement cependant, à un nouveau rapport de la société avec ses seniors. Si les recruteurs n'ont pas encore fait leur révolution culturelle, il est vrai aussi qu'une grande partie des salariés a depuis longtemps intériorisé une cessation d'activité avant le terme.

Pourtant chacun, dans son entourage ou dans son voisinage, connaît directement ou indirectement un exemple de ces personnes d'âge avancé qui poursuivent une activité intense : commerçant, artisan, chercheur, avocat... Passez donc à Chusclan, village bucolique et paradisiaque situé dans le Gard, et faites-vous inviter chez Judith et Edouard Therme : à 86 ans, celui-ci prépare différents alcools de fruits souvent originaux comme le vin de feuille de cerisier ou le vin de pêche orange, et chasse toujours la bécasse que Judith transforme en plats goûteux. Ces deux là régalent encore quantité de touristes et d'habitants.

L'intérim, une voie vers le réemploi

Il n'y a donc pas de fatalité de l'âge même si le chemin est long. La presse, phénomène intéressant et symptomatique, s'est fait l'écho de ce nouveau regard, décrivant le parcours complexe de certains seniors revenus du chômage comme on revient d'une longue maladie. En mars 2001, par exemple « Capital » titrait son dossier : « Quand les « vieux » reprennent du service »[1] et présentait quelques parcours individuels, tandis que « L'Entreprise » proposait un sujet du même genre[2] en octobre de la même année, et que

1. « Capital », mars 2001.
2. « L'Entreprise », octobre 2001.

l'hebdomadaire spécialisé « Courrier Cadre »[1] rendait compte de plusieurs exemples de cadres quinquagénaires ayant su rebondir après un licenciement et une longue période de chômage. Tous faisaient valoir que le plus difficile avait été de surmonter les réticences et les a priori des recruteurs ou des cabinets spécialisés. Ces exemples, comme bien d'autres, montrent combien les seniors doivent faire preuve de pugnacité pour affronter le regard suspicieux des recruteurs et parfois accepter d'évoluer, de revenir sur des certitudes, de jeter au loin un statut, des prétentions, des revenus. Autre enseignement : la voie la plus directe vers le réemploi passe par l'intérim et des missions de « pompier » pour les situations d'urgence.
À ce propos, on notera que si les plus de cinquante ans ne représentent que 4,1 % de l'ensemble des intérimaires, ils constituent la population qui a connu la plus forte progression depuis le début des années 1990 : elle a été multipliée par deux en dix ans. Par ailleurs, selon une étude de l'Insee, ils ont une intensité d'emploi dans l'intérim largement supérieure à la moyenne, soit huit mois au lieu de six. En moyenne, les seniors ont en moyenne quarante six ans lors de leur première inscription.

Cela explique certainement le succès de sociétés d'intérim spécialisées sur les seniors, comme Homme & Missions créé en 1996 par Olivier Spire, ou orientées sur les managers de haut vol le plus souvent seniors, comme Boyden Intérim Executive, créé en 1998 par Gérard Fournier. Autre exemple de cette nouvelle approche, l'un des principaux réseaux d'agences d'intérim, Adecco, a spécialisé en 2001 son agence de Boulogne-Billancourt dans l'emploi senior pour le secteur tertiaire et avec des postes cadres et non-cadres. Qui n'a pas autour de lui des cas de réussites de personnes ayant à cinquante ans, à soixante ans ou plus tard encore,

1. « Courrier Cadres », 31 octobre 2001 et 6 décembre 2001.

fait de nouveaux choix professionnels ? Qu'il s'agisse de se réorienter après un licenciement ou un échec comme entrepreneur ou qu'il s'agisse de donner un nouveau cours à une carrière, l'avenir appartient aux âmes en mouvement quel que soit l'âge inscrit sur les documents administratifs. Lucette Garoche, par exemple, a choisi vers cinquante-cinq ans d'abandonner la gestion de plusieurs petits hôtels en région parisienne pour se lancer dans la culture du tournesol, l'ouverture de chambres d'hôtes et l'écriture de romans. Ou, beaucoup plus médiatique, Bernard Brochand, qui après une extraordinaire carrière de publicitaire, a choisi à soixante ans les responsabilités d'élu et a remporté la mairie de Cannes puis un siège de député. Autre cas pris au hasard des pages de magazines : Gérard Quéray, homme de télévision (Sept d'or 1996 pour une émission sur Arte) qui, à cinquante ans, reprend une entreprise et se transforme en patron. Sans compter ces chercheurs, qui las de voir leurs trouvailles mal exploitées, finissent par sauter le pas et à cinquante ans passés deviennent des patrons de sociétés ayant pour objet de développer et promouvoir leur invention.

Des décideurs aux tempes grises

Un autre élément vient favoriser la prise en compte croissante des seniors dans l'entreprise : le vieillissement d'une large partie des managers et des chefs d'entreprises. Certes, il y a toujours eu des Marcel Dassault à la tête d'entreprises... mais ils sont encore rares les exemples à l'image de François Pinault, fondateur du groupe PPR, et qui reste à 66 ans le moteur principal de la société ; de Pierre Belon, qui à plus de 70 ans tenait toujours les rennes de l'entreprise qu'il a créée et su conduire à un rare succès, la Sodexho ; ou encore de Pierre Fabre, le fondateur des Laboratoires qui portent son nom. Ce sexagénaire multiplie les initiatives stratégiques pour renforcer son groupe dans le domaine de la santé ou de la communication. Faut-il rappeler que Georgio Armani, à 67 ans, n'a rien perdu de sa verve de créateur et de manager. Et qu'à 80 ans, Giovanni Agnelli, le patron charismatique de Fiat, a réussi l'un de ses plus beaux coups avec le raid sur Montedison ? Hélas, ces personnages hauts en couleurs appliquent bien rarement aux autres seniors ce droit à rester en activité. Moins médiatique mais tout aussi impressionnant est l'exemple de Jeanne Augier. A plus de 75 ans, cette femme de caractère préside, et ce depuis 1957, avec toujours autant de passion au développement et à la réussite de son hôtel-galerie d'art à Nice, le Negresco. Elle continue d'inventer avec le peintre Raymond Moretti une modernité de contraste.

Preuve est ainsi faite que l'âge n'interdit en rien de conserver l'esprit d'initiative et la volonté de faire bouger les choses. Là comme ailleurs, la jeunesse n'est pas un critère pertinent. Aussi de plus en plus d'entreprises sont-elles amenées à placer à leur tête des hommes ou des femmes d'expérience dont la maturité et le sang froid ne sont pas de trop pour conduire des embarcations voguant plus souvent par gros temps que sur des mers calmes et tranquilles. Dans un ouvrage récent [1], Éric Albert et Jean-Luc Emery, insistent sur l'importance pour le manager – mais cela concerne également toutes les catégories professionnelles – d'avoir un comportement de *« distance par rapport au retentissement émotionnel qu'il produit sur soi. Distance aussi vis-à-vis du regard des autres »*. Or bien souvent, cette nécessaire capacité à relativiser les choses, à gérer le stress vient avec les années, les blessures et les expériences. D'où la présence, qui ira croissante, de décideurs aux tempes grises dans les organigrammes des entreprises.

1. *Le manager est un psy*, Éric Albert et Jean-Luc Emery, Editions d'Organisation, septembre 2001.

Les exemples fleurissent qui ne constituent certes pas encore une lame de fond, mais qui montrent que rien n'est écrit et qui annoncent un nouveau rapport des seniors eux-mêmes, et de l'ensemble de la société, entre l'âge et l'activité. Ainsi il n'y a pas d'âge pour changer. Ces seniors donnent des leçons de vie à tous les conservateurs cachés derrière les lignes Maginot de leurs principes stratifiés faute d'être capables d'une quelconque remise en cause. Incapables de comprendre que le monde a évolué plus vite que leurs esprits rassis.

Ces seniors prouvent une fois de plus, que le rapport à l'âge tient du subjectif et du relatif. Qui est le plus utile à l'entreprise et plus généralement au corps social, le trentenaire qui multiplie les ceintures de sécurité mentales ou le sexagénaire qui conserve le goût de l'innovation ? Qui est le plus vieux dans sa tête : le quinquagénaire prêt à rebondir pour une nouvelle aventure d'entreprise ou le trentenaire muré dans ses certitudes et refusant de sortir des sentiers battus

Gérard Fournier,
directeur général de Boyden Interim Executive :

« La prime va à la compétence non à l'âge »

Gérard Fournier est lui-même un exemple du parcours à rebondissements. Après une longue carrière internationale où il exerce des responsabilités importantes dans plusieurs entreprises américaines, il subit à 52 ans un licenciement. Très rapidement il décide de créer une structure de consultant qui ne lui apportera pas satisfaction. Nullement découragé, moins de deux ans plus tard, il arrive à convaincre le grand cabinet de recrutement Boyden d'inventer un nouveau métier : l'intérim très haut de gamme. Les missions, toujours complexes et sensibles, nécessitent des personnalités d'envergure ayant développé des compétences fortes tout autant qu'un savoir-faire de management des hommes.

Quel regard portent les entreprises sur les managers âgés ?

De plus en plus les entreprises se concentrent sur leur cœur de métier et multiplient l'externalisation d'activités. Elles recherchent des profils disponibles, pointus et expérimentés pour gérer des actions sur des durées limitées. L'âge n'est absolument pas un critère pertinent dans le choix des managers chargés de conduire ces opérations de développement ou de réorganisation, mais il faut bien dire que l'on n'a pas trouvé beaucoup mieux que le temps pour acquérir de l'expérience. Les entreprises recherchent une forme de sécurité pour ce type de postes très difficiles à conduire, aussi attendent-elles des managers ayant déjà fait leurs preuves dans des cas similaires, donc ayant souvent dépassé les 50 ans.

Selon vous comment se distingue un manager senior d'un autre plus jeune ?

Je crois que la première différence provient des attentes des seniors : ils ont le plus souvent fait le tour des honneurs et ne sont pas à la recherche d'un bâton de maréchal mais d'un rôle et d'une implication forte. Ceux-là préfèrent souvent des missions d'une durée de neuf ou douze mois qui leur permettent ensuite de prendre une sorte de congé sabbatique avant d'embrayer sur une nouvelle mission. En revanche, il faut bien voir que ce n'est pas à 55 ans que l'on prendra sa revanche sociale : si vous n'avez jamais accroché un poste de direction générale, vous ne l'obtiendrez pas à l'ancienneté !
Par ailleurs, je dois signaler que la majorité des seniors que je rencontre restent désireux de s'inscrire dans des entreprises sur le long terme, mais de plus en plus les seniors ayant une longue expérience du travail savent qu'un CDI peut se terminer plus vite que certaines missions en CDD. Les mentalités changent et les plus âgés ne sont pas les derniers à le comprendre. Bien au contraire.

L'âge ne serait-il donc plus un frein pour l'activité au sein des entreprises ?

Pour ce qui concerne la demande de profils de haut niveau et de gens ayant une capacité à s'adapter à différentes situations, l'âge n'est en rien rédhibitoire. Ce qui compte, c'est le parcours antérieur, le mental et le main-

tien au top niveau des compétences. Si vous préférez, la prime va à la compétence et à l'efficacité non au statut ou à l'âge. En clair, si vous avez été mauvais à 35 ans, vous serez aussi mauvais à 55. Mais à l'inverse, si toute votre vie professionnelle vous avez appris et vous avez développé vos compétences et votre capacité à gérer les situations, alors vous resterez totalement opérationnel quel que soit l'âge. Pour ce type de profil, c'est la législation sociale qui nous interdit de leur proposer des missions après 65 ans. Ni leur compétence, ni leur capacité ne sont remises en cause. Bien au contraire.
De plus en plus, les entreprises vont comprendre que ce qui compte ce n'est pas l'âge du capitaine mais sa compétence.

CHAPITRE 3

Pas de pensée unique sur la retraite

En France, la question du financement des retraites angoisse : 54 % des personnes interrogées le confirment. En fait, si 51 % de la population (contre 33 %) pensent que le vieillissement est « un handicap pour la société », cela provient principalement de cette incertitude liée au financement futur des retraites. En effet, l'importance du nombre de personnes âgées dépendantes, citée en deuxième position, n'inquiète « que » 37 % de la population [1].

Quoi de plus normal vu le matraquage médiatique et la puissance de feu dont disposent les tenants du catastrophisme. Ceux-là, qui souvent mêlent intérêt bien compris et combat idéologique, ne cessent de prédire l'impossible financement futur des retraites. Depuis presque vingt ans, tous se liguent pour dramatiser la situation et n'offrir que le développement de la capitalisation, gérée par le monde de l'assurance, comme alternative. La forme démographique de la pensée unique.

Nous n'avons pas compris que le monde changeait et que l'une des réponses essentielles au défi des retraites viendra de notre capacité à maintenir en activité des populations plus âgées, mais non pas vieilles au regard de la compé-

1. Sondage Sofres pour « Lire la politique », novembre 2001.

tence. Car ce qui est en jeu c'est bien la durée globale et réelle du travail dans la vie de chacun. Le « moment travail » qui se déroule entre la fin des études initiales et la prise de la retraite est un espace qui en France s'est réduit par les deux bouts alors même que le temps de notre passage sur terre tendait à s'accroître. Caricature d'une société incapable de s'adapter à une réalité en mouvement.

La fin de la retraite de papa

Pratiquement dès l'origine, le débat sur les retraites est mal parti. Et depuis les choses ne font que s'aggraver. De commissions en rapport Charpin, la réalité a toujours été explicitée sous une approche de contrainte comptable. Le rapport du Comité d'orientation des retraites, remis le 6 décembre 2001, reste la première tentative, depuis la rédaction du Livre Blanc à la demande du Premier ministre de l'époque, Michel Rocard, de rechercher une approche dynamique et multiple.

Depuis bientôt quinze ans deux lignes s'affrontent : la première propose de ne rien faire pour ne pas remettre en cause le système par répartition, assurant ainsi sa perte. Tandis que la seconde joue la fuite en avant et n'a d'autre projet que de remplacer un système malade par un système impossible. Dans les deux cas, nous assistons à la victoire du sur-place. En fait, l'immobilisme de gauche rencontre le dogmatisme de droite pour organiser le déclin du système de répartition au profit d'un bien vague espoir de relève par des solutions de capitalisation... Le débat se perd dans des arguties quantitatives qui évitent aux décideurs politiques, à quelques rares exceptions près, de décider et de préparer l'avenir. Il est pourtant urgent de s'inscrire dans une logique dynamique qui prenne en compte les progrès de la productivité du travail et du capital. Il devient néces-

saire de laisser à chacun la possibilité de choisir entre temps et argent, entre retraite et activité.
Pourquoi de pas s'interroger sur le désir d'une large frange de la population de poursuivre une activité productive au-delà de la limite pourvu que l'organisation du travail soit adaptée à la nouvelle réalité ? Pourquoi ne pas chercher à comprendre les raisons qui poussent d'autres à descendre dans la rue dès que le moindre projet d'allongement de la durée de cotisation un peu tangible semble émerger ?
À force de se complaire dans des affrontements aussi stériles que nombrilistes, aucun travail pédagogique n'a été réellement entrepris sauf à considérer que le chloroforme ou la dramatisation inconséquente sont des approches qui servent à construire un débat adulte.
Il faudra bien un jour comprendre que la retraite « à la papa » c'est fini. Alors que l'emploi à vie brûle de ses derniers feux, hormis dans quelques grandes structures, la possibilité de pouvoir mener toute une carrière professionnelle sur des compétences acquises à 23 ans devient de moins en moins crédible à mesure que la complexité globale s'accroît. De plus en plus la norme sera la mobilité professionnelle et intellectuelle.

De même, la fiction de la retraite pour tous à soixante ans ne sera bientôt qu'un souvenir mythique et nostalgique, car il est difficile de ne pas imaginer que les trente ans de vie gagnés depuis la période des premières lois sur la retraite, en 1910, ne puissent pas avoir un effet sur la durée effective du travail !
Pire encore si l'on prend le seul indicateur qui soit révélateur de la situation : la proportion d'actifs dans la population. Dans les années 1930, c'était seulement à partir de 75 ans que les actifs devenaient moins nombreux que les inactifs, aujourd'hui cette frontière essentielle se situe à moins de 57 ans. Dix-huit ans d'écart qui s'ajoutent aux effets mécaniques de la prolongation de l'espérance de vie

et qui conduisent en fin de compte à une différence de quarante ans... Comme il va être difficile de remonter la pente alors que l'abaissement de l'âge de la retraite à soixante ans passe encore pour une conquête sociale positive !

Les anomalies des systèmes de retraite

Pour le dire franchement, cette balise est totalement fictionnelle pour une large partie de la population. Ainsi il faut tenir compte des régimes dérogatoires, en particulier dans le secteur du transport avec des mises à la retraite dès cinquante ans pour les conducteurs de la SNCF ou de la RATP, à cinquante-cinq ans dans le transport routier et pour les personnels navigants commerciaux. Ensuite, il ne faut pas ignorer que le système des pré-retraites (à travers des plans sociaux) se perpétue encore en 2002. Sans oublier tous les chômeurs longue durée interdits de travail au travers d'une inactivité prolongée et désespérante. Même si un nouveau dispositif prévoit depuis fin octobre 2001, la possibilité pour les chômeurs à faibles ressources de bénéficier de la retraite dès soixante ans s'ils ont cotisé au moins quarante ans. Les situations effectives et psychologiques sont disparates mais elles ont en commun d'avoir touché des populations ayant largement moins de soixante ans au moment de leur cessation d'activité. D'autres en revanche, faute de trimestres suffisants, de carrière rectiligne ou à cause de placidité professionnelle, se retrouvent parfois à trimer corps et âme jusqu'à 65 ans.

Autre anomalie, celle qui laisse aux salariés de la fonction publique le bénéfice de 37,5 ans de cotisations quand ceux du privé vont progressivement devoir cotiser 40 années. A l'inverse signalons que chaque enfant compte pour une année d'équivalent travail dans le public mais pour deux ans dans le privé... Si de nombreux emplois publics peuvent

justifier d'une pénibilité certaine, en revanche on voit mal en quoi des professions, qui par statut échappent aux accidents sociaux, devraient continuer de vivre dans un cocon privilégié. A moins que l'on ne vieillisse plus vite dans le fonctionnariat...
Notons aussi que le maintien de l'extravagante anomalie de la multiplication des régimes dérogatoires des systèmes de retraite, en particulier dans le monde du transport et dans quelques autres secteurs comme EDF-GDF, a pour effet de rendre prépondérant le poids des pensionnés. Et pourtant la prise de conscience de cette réalité n'est pas récente : le journal « Le Monde » publiait ainsi un article en 1951 citant le ministre socialiste Jules Moches pour qui à *« l'ère de la pénicilline, il était anormal que la SNCF compte autant de retraités que d'employés, que l'armée verse plus de pensions que de traitements d'activité »* [1]. Un bref regard sur cette période montre qu'il fut possible d'intervenir sur la limite d'âge de la retraite dans la fonction publique : la loi du 15 février 1946 avait reculé de trois ans cette limite d'âge pour les fonctionnaires... mais les travailleurs des services publics ne furent pas touchés.

La vérité c'est que l'injustice règne en maître dans le monde de la retraite : ceux qui ont eu les vies professionnelles les plus protégées sont souvent aussi ceux qui bénéficient des meilleures retraites et des plus stables. Les autres peuvent disparaître du marché du travail avant cinquante ans ou au contraire devoir tenir coûte que coûte jusqu'à soixante-cinq ans. Et cela sans que soit prise en compte une inégalité essentielle : la différence d'espérance de vie moyenne d'environ dix ans qui subsiste entre les cadres salariés et les ouvriers.
Nous avons tous en tête des gens épuisés contraints de poursuivre une activité impossible quand d'autres sont obli-

1. « Le Monde », 10 novembre 1951.

gés de « laisser la place aux jeunes » alors qu'ils aspirent encore à être utiles, à faire partie d'une communauté professionnelle qu'ils apprécient et qui les apprécie. Ainsi en est-il de ces infirmières qui au début des années 1990 ont été remerciées le jour de leur soixante ans sans jamais être remplacées. Aujourd'hui, le pays souffre d'un déficit dramatique de personnels soignants. Vous avez dit ubuesque ? Depuis les grandes réformes de 1910, instituant un premier système de retraite fondé sur la cotisation obligatoire, et de 1912, qui faisait passer l'âge d'admission à la retraite de 65 à 60 ans, l'eau a passé sous les ponts. Et surtout l'espérance de vie moyenne a gagné plus de trente ans ! En 1900, la durée moyenne de vie pour les hommes était de 45 ans, et de 48 ans pour les femmes. Par ailleurs, la répartition démographique (largement « perturbée » par la saignée de 1914-1918) a très largement évolué en faveur des plus de 60 ans.

Casser la norme

Impossible donc de croire que longtemps encore, notre système inégalitaire et comptable pourra faire l'économie d'une réflexion en profondeur qui laisse toute sa place à des solutions personnalisées tenant compte des attentes de chacun et de la multiplicité des situations. Il apparaît en effet irréaliste de croire au maintien d'une approche normalisatrice qui entend faire passer le plus grand nombre sous une guillotine rouillée. Selon le profil, l'histoire personnelle, la pénibilité et la difficulté du parcours professionnel de chacun, il est parfaitement logique de trouver des aspirations à la retraite différentes. Il est tout aussi évident que le mode de passage d'un statut à un autre ne doive pas être uniforme pour tous.

Par ailleurs, il est certain que, de moins en moins, le passage de l'activité à la retraite s'effectuera sans heurts :

aujourd'hui les fins de carrières sont rarement rectilignes, en particulier pour les femmes, avec des successions de phases d'activité et de chômage, ou encore la multiplication de périodes de CDD et de temps partiels. Les femmes, en outre, peuvent être tentées par un retour à l'activité salariée après une longue période consacrée aux enfants.

Bref, la retraite comme norme globale aura bientôt vécu : la réalité des déséquilibres économiques s'associe à l'impact grandissant du désir individuel de construire son propre parcours de vie. Pourquoi vouloir imposer une norme sociale fondée sur le gain ? Chacun devrait pouvoir arbitrer selon ses besoins et ses aspirations entre le temps libre ou les revenus, par exemple. Mais rien n'interdit non plus de faire varier les montants de versements librement effectués en fonction du mode de vie et des besoins de chacun. Le désir de profiter de la vie et des joies de la consommation, la présence d'enfants ou encore le remboursement d'emprunts pour l'achat d'un logement sont autant de facteurs qui peuvent conduire à des arbitrages personnels vis-à-vis de l'épargne pour la retraite.
En fait, il y a une propension étonnante de la sphère publique et institutionnelle à vouloir infantiliser l'acteur. Le rôle des partenaires sociaux et de la puissance publique est-il réellement de déterminer un niveau standard de vie comprenant la fixation uniforme de l'âge de la retraite, de son montant et des conditions de son financement ?

En finir avec la retraite de papa, c'est faire passer le message que l'accroissement de l'espérance de vie est une bonne nouvelle et une opportunité nécessitant la prise en charge individuelle de son avenir. Le rôle de l'Etat est alors d'informer et d'organiser un cadre qui permette à chacun de décider en conscience de son mode de vie. Cette approche qui laisse à l'individu le choix de ses arbitrages nécessite cependant un filet de protection. A l'instar de la démarche japonaise [1], un premier pilier sera alors constitué par un versement obligatoire d'une même cotisation par tous les salariés afin que chacun soit assuré de bénéficier d'une pension de retraite égale.

Cette démarche est de fait bien plus égalitaire que le système français actuel qui a transformé le modèle solidaire de la répartition en un mécanisme de capitalisation centralisé : chacun reçoit une retraite en fonction de son salaire effectif. Les plus riches n'étant ainsi en rien solidaires des plus démunis. Ils sont même doublement gagnants puisque ce sont eux qui bénéficient le plus longtemps de leur pension alors même que bien souvent ils ont cotisé sur des périodes plus courtes.

Reste que le retour à des solutions plus solidaires nécessite aussi la mise en place d'offres complémentaires pour permettre des choix individualisés.

La fausse solution des fonds de pensions

Traditionnellement, notre système est construit sur deux étages, le deuxième étant celui des régimes complémentaires. Il permet de fait aux partenaires sociaux d'introduire une certaine adaptation à la réalité de la situation des actifs concernés. Mais l'enjeu médiatique principal concerne un troisième niveau possible : les fonds capitalisés.

Face à la difficulté annoncée de financer les retraites à partir des cotisations des actifs en raison de la détérioration rapide et flagrante du rapport entre les deux populations, le discours dominant – et loin d'être toujours désintéressé – qui se fait entendre à longueur de colloques et de tribunes médiatiques préconise le développement de la capitalisation.

1. Étienne (JF), *Vieillissement et retraites au Japon*, La Documentation française, 1996.

Pour faire passer le message, la stratégie appliquée est de jouer sur la dramatisation à outrance des conséquences – encore une fois perçues comme négatives – du vieillissement. Sauf qu'ici les chiffres divergent fortement selon que l'on prenne en compte l'âge effectif du départ à la retraite ou l'âge théorique, mais aussi selon que l'on intègre ou non les inactifs encore en formation initiale et le taux de chômage.

Ainsi l'INSEE fait valoir que le ratio nombre de personnes de plus de 60 ans sur celui des 20-59 ans passera de 38 % en 2000 à 54 % en 2020, et 78 % en 2050. Saisissant. Le rapport[1] du Conseil d'orientation des retraites (COR) fait pour sa part mention d'une réelle dégradation du taux de remplacement des revenus par les pensions qui passerait de 78 %, tous régimes confondus, à 64 % en 2040. Cela impliquerait de reculer de neuf ans la prise de la retraite ou d'augmenter de 15 % les cotisations.

À l'inverse, les confédérations de salariés insistent pour leur part sur une évolution moins sensible : le ratio passe de 1,23 inactif (jeunes et personnes âgées) pour 1 actif (actifs employés et actifs au chômage) en 1995 à 1,54 en 2040. Une progression qui nécessite de faire des choix mais qui laisse une marge de manœuvre sur une relative longue période. Toutes choses égales par ailleurs, ces évolutions ne devraient représenter fondamentalement qu'une hausse de 4 points de PIB (entre 4 et 6,5 % selon le rapport du COR) à orienter en faveur du financement des retraites. Impact qui sans être marginal n'en est pas moins surmontable.

L'impact en eut été d'autant plus surmontable si les gouvernements successifs avaient institué un fonds de réserve des retraites permettant de fait de provisionner progressivement le système de répartition. Durant la présidence Clinton (1992-2000), les Démocrates avaient ce principal souci de dégager un excédent budgétaire afin de constituer

1. Rapport remis au Premier ministre, décembre 2001.

des réserves et garantir ainsi la confiance et l'avenir du système de retraite par répartition. Les socialistes français au pouvoir n'ont jamais compris cette ardente obligation gaullienne et se sont au contraire plongé avec délices dans la démagogie de court terme en réalisant des baisses d'impôt à la petite semaine sous prétexte de « cagnotte » divine.

Pourtant, Edouard Balladur avait émis l'idée de constituer un fonds pour les retraites dès la fin des années 1980, avant que Pierre Bérégovoy ne l'envisage et que Lionel Jospin ne l'inscrive en 1998, pour le projet de loi de financement de la Sécurité sociale... Presque dix ans pour accoucher d'une souris de plus en plus minuscule car fondée en grande partie sur les recettes des ventes des licences UMTS pour la téléphonie mobile dite de troisième génération dont l'espérance de gain est passée de 20 milliards d'euros à 1,5 milliard (plus une commission sur le chiffre d'affaires). Comme le ridicule aime à frapper plusieurs fois, fin décembre 2001, le Conseil Constitutionnel en censurant le gouvernement sur le financement des 35 heures fit quelques dégâts collatéraux puisqu'il devenait impossible de transférer près de 1 milliard d'euros d'excédents de la Caisse d'Allocations Familiales vers le Fonds de réserve des retraites... Imaginons simplement que le fruit des privatisations menées depuis quinze ans ait été orienté vers ce fonds à la place de recettes variables ou issues de tours de passe-passe : l'avenir du financement des retraites serait diablement moins angoissant. Et la pression en faveur de la capitalisation bien moins forte.

En Norvège, le Parlement a voté dès 1990 la création d'un fonds spécial alimenté par les recettes des ventes de pétrole et destiné à financer les retraites de demain et la protection sociale de tous. Le fonds représente un montant en constante croissance : 81,5 milliards d'euros à fin 2001, et 113,7 milliards à fin 2002. A comparer avec les 12,22 milliards

d'euros qui auraient dû doter le fonds de réserve français à la fin 2002, pour un objectif de 152,43 milliards d'euros en 2020...
Ce surplace a permis de mettre en avant la piste du recours à des systèmes de capitalisation qui soient complémentaires ou alternatifs à la répartition. Hors de la capitalisation point de salut ! Système qui n'est d'ailleurs pas à proprement parler une nouveauté puisque déjà, la loi de 1910 avait institué dans le calcul de la pension une partie très variable issue de la capitalisation des cotisations salariales et patronales. Par ailleurs, certains salariés continuent de bénéficier de systèmes de capitalisation pour des raisons catégorielles, c'est le cas des fonctionnaires (mais les fonds ne sont pas garantis ce qui peut poser problème) ou parce qu'ils bénéficient de plans salariaux (dans les grosses entreprises, par exemple).

Or la capitalisation a d'autant plus d'intérêt qu'elle ne profite qu'à une partie réduite de la population : par principe tout le monde ne peut pas être gagnant à ce jeu car les taux d'intérêts servis sont directement liés à la performance des choix d'arbitrage qui ne sont pas extensifs à l'infini. Par ailleurs, la rémunération de l'épargne obligataire est très largement conditionnée par le traditionnel jeu de l'offre et de la demande : une explosion de la demande de placement conduirait nécessairement à une diminution des conditions de rémunération de l'offre et à l'impossibilité d'exercer une bonne sélectivité des produits. Le risque est grand de voir les performances des fonds de retraite rapidement tendre vers des niveaux indigents. Sans compter que l'excès d'épargne par rapport à l'investissement peut aussi conduire à la formation d'une nouvelle bulle financière et au renforcement du poids déjà grandissant des fonds de pension qui recueillent l'argent des retraités et des actifs épargnant par précaution.

Signalons en outre le paradoxe lié au fait que les gestionnaires de fonds de pension demandent aux entreprises des rendements importants (même si la sacro-sainte barrière des 15 % longtemps passée pour le nouveau fétichisme du capitalisme est mise entre parenthèses depuis les attentats du 11 septembre 2001), poussant ainsi les entreprises à mener une lutte sans merci pour réduire les coûts, et donc les effectifs. La logique financière est imparable mais elle rend quelque peu schizophrène le salarié-actionnaire : il trouve intérêt à ce que les entreprises suppriment des emplois au motif que cela doit favoriser la rentabilité de l'entreprise et orienter favorablement le cours de Bourse. Or à mesure que le vieillissement va s'accroître les fonds de pension devront verser des rentes de plus en plus importantes et, par là même, exiger une rentabilité de plus en plus élevée.

Cependant la croissance des sommes disponibles à l'investissement en Bourse peut tout aussi bien apparaître comme positive en ce qu'elle permet de mobiliser facilement des capitaux pour financer des projets d'investissement et favoriser ainsi la croissance. Ce phénomène a formé pour partie le moteur de ce que l'on a appelé la « net économie ». Dans ce cas précis, cette sur-épargne (ou allocation d'actifs différents) a produit seulement une hausse superficielle des cours de Bourse et a faussé l'approche des acteurs économiques en les détournant de secteurs spéculatifs mais essentiels pour construire l'avenir. Le retour sur terre de la net économie a eu pour effet de faire fondre comme neige au soleil l'épargne pour la retraite de milliers de salariés américains.

De même, le scandale de la faillite d'Enron rendu public au début de 2002 montre bien le risque d'une démarche fondée sur la capitalisation. Les milliers de salariés de la septième société américaine ont en effet vu s'effondrer, sans avoir le droit de les vendre, la valeur de leurs fonds de pension entièrement constitués par des actions d'Enron dont le prix unitaire est passé en moins d'un an de 85 dollars à moins de 1 dollar. De la même façon, ce sont par dizaines de milliers que les salariés américains ont vu baisser fortement la valeur de leurs fonds de pension qui, pour la plupart, avaient investi dans cette entreprise au chiffre d'affaires de plus de 100 milliards de dollars. La ruine de certains de ces fonds de pension devrait pour le moins conduire les autorités à réviser le système global pour tenter de mieux protéger les salariés. Nous voilà donc bien loin de la panacée !

Un système au profit de quelques-uns

D'autres Cassandre prévoient la phase suivante : celle qui verra la majorité de la génération du baby-boom arriver à l'âge de la retraite, vers 2015-2020. Alors l'épargne globale diminuera, les retraités utilisant les sommes qu'ils avaient placées dans les années 1990-2010. Dans le même temps, la population active atteindra son point bas. La conjonction de ces deux éléments produira donc un déséquilibre entre une demande croissante et une offre plus limitée en raison de la faiblesse des forces productives. Une inadéquation productrice de tensions inflationnistes. Face à ce type de question, le président de Calpers, William Crist, affirmait quant à lui qu'il suffirait, pour répondre aux besoins de liquidités des retraités américains, de *« vendre des titres à des fonds de pension en France et ailleurs »* [1]. On voit par là que la généralisation des fonds de pension et autres systèmes de capitalisation est loin de régler la problématique du financement des retraites.

En outre, cette approche est particulièrement inégalitaire puisqu'elle concerne surtout les revenus capables de mobiliser de l'épargne et favorise les salariés issus des grands groupes dont les moyens financiers permettent d'orienter une partie de la valeur ajoutée dans l'abondement d'un sys-

1. in « La Tribune », 18 janvier 2002.

tème de capitalisation au bénéfice des salariés. Ces derniers ont déjà l'avantage de connaître les carrières les moins accidentées car mieux protégés de la flexibilité supportée de plus en plus par les entreprises sous-traitantes et leurs salariés. Rares sont les PME comme Picon, une société britannique gérante de Salons, qui a accordé à ses 15 salariés un supplément de 10 % de leur salaire annuel bloqué sur des fonds capitalisés pour la retraite...

Malgré les dénégations, la création du Plan partenarial d'épargne salarial volontaire (PPESV) début 2001 par le ministère des Finances est un nouveau pas vers la capitalisation. Certes, la création par Laurent Fabius, alors ministre de l'Economie, d'un système spécifique destiné à favoriser l'épargne salariale pour les salariés de PME (Plan d'épargne interentreprises) voulait signifier une démarche d'équilibre, mais la réalité est bien de favoriser les grandes structures et de permettre le développement de solutions de capitalisation.

Ce qui est en cause, ce n'est pas la décision individualisée de financer un complément de retraite par capitalisation, le succès de l'assurance-vie ou le développement des formules de contrats à horizon montrent qu'elle est possible depuis longtemps, mais le choix effectué dans le non-dit pour un « sponsoring d'Etat » de cette démarche qui concerne principalement les employés des grandes structures. Dès lors que pour rendre plus attrayante l'épargne salariale, le décideur politique permet l'exonération de charges sociales et la défiscalisation, il déshabille tous les Paul pour quelques Jacques : la diminution des ressources de cotisation vieillesse fragilise la majorité et rend plus nécessaire encore un système de capitalisation. Avec en plus le risque d'une substitution du salaire par l'épargne salariale qui vienne aggraver la diminution des recettes pour les caisses de retraite.

Il importe de rappeler une vérité simple et claire. Le passage à un système de capitalisation ne change pas la donnée fondamentale : l'augmentation du nombre de retraités se poursuit et conduit à accroître les cotisations. Simplement dans le cadre capitalisé, la cotisation va s'inscrire dans un processus d'acquisition de droits de pension pour l'avenir. Reste qu'il s'agit bien de ponctionner son revenu disponible au profit d'une épargne de précaution. Cette épargne se réalisera sur l'activité des générations futures. Sur un plan global, elle ne réduit donc en rien la contribution au financement des retraites des actifs d'aujourd'hui, comme de ceux de demain. Sauf qu'elle ajoute un facteur d'incertitude lié au comportement des marchés financiers et au talent du gestionnaire des fonds. La décision annoncée, en février 2002, par quatre des cinq grandes centrales syndicales françaises, de s'impliquer dans la surveillance et le contrôle selon des normes éthiques et de limitation de risque des fonds salariaux proposés, marque une approche nouvelle qui sans répondre à la problématique du financement des retraites ouvre une voie balisée de revenus complémentaires pour les salariés. Par ailleurs, en Angleterre, quatre grandes compagnies d'assurances ont paradoxalement conseillé à certains de leurs clients cotisant à leurs fonds de revenir au système complémentaire d'État qui fonctionne par répartition.

Vive la retraite à 70 ans ?

La capitalisation n'est pas une solution miracle ni neutre. Les chiffres étant têtus, l'équation est on ne peut plus simple : l'augmentation du nombre de retraités potentiels nécessite de nouveaux arbitrages concernant soit le renforcement de l'épargne personnelle pour un espoir de garantie de revenus futurs ; soit l'augmentation des cotisations des actifs afin de maintenir le pouvoir d'achat des retraités d'aujourd'hui ; à moins qu'il ne soit décidé de diminuer le revenu des retraités pour conserver un même niveau de pression fiscale. Dans les trois cas, si le timing diverge la réalité est identique : la diminution du rapport actif/inactif nécessite de répartir les revenus différemment dans le temps. La capitalisation comme la hausse des cotisations revient à épargner une partie de ses revenus pour l'avenir, le blocage des cotisations revient à consommer aujourd'hui des revenus qui seront absents demain. En fait, chaque actif étant un retraité potentiel, il subira demain ses choix d'aujourd'hui. Impossible d'être gagnant deux fois car il y a peu de chances que ce que refusent les actifs d'aujourd'hui soit accepté par ceux de demain : si le choix est fait d'un blocage des cotisations, le niveau des retraités sera affecté à jamais.

Rester actif plus longtemps est une autre réponse à ce défi : on remplace alors la charge financière par une charge d'activité. En produisant plus longtemps, on fabrique plus de richesses. Pourquoi considérer cette situation comme affligeante ? Les prélèvements pour la retraite ne sont pas une ponction arbitraire et sans contrepartie, il s'agit simplement d'un étalement du pouvoir d'achat. En vivant plus longtemps, chacun consomme aussi plus longtemps et utilise son pouvoir d'achat plus durablement. L'allongement de la vie devrait favoriser une vision de long terme : vivre plus vieux, c'est être plus riche !
Il importe donc de relativiser sur toute une vie l'impact personnel des augmentations de cotisation pour le financement futur de la retraite. Mais il importe aussi de signaler que ces hausses ne seront peut-être pas si importantes que cela. En 1999, la « Revue de l'OFCE » avait publié une étude passionnante où il apparaissait que les cotisations ne devraient augmenter « que » de 7,5 % sur 30 ans, soit 0,25 % par an. Il est vrai que le rapport du COR, publié en décembre 2001, fait apparaître des chiffres plus lourds avec une hausse des cotisations de 4 points en 2020 et de

9,2 points en 2040, faisant passer le taux de cotisation à 30 % en 2020, puis à 34,9 % en 2040.
Surtout, la productivité ayant toute chance de poursuivre sa croissance (d'une façon certes ralentie par la diminution du temps de travail) et donc le pouvoir d'achat aussi, la croissance du niveau de vie moyen de la population ne se trouverait que ponctionnée à la marge par ces hausses.

Cette approche, plus relativiste que celle offerte généralement, n'est pas limitée au cas français. Ainsi les analyses britanniques prennent la même direction : un rapport publié en décembre 2001 (Wanless Report) fait apparaître une hausse mesurée du coût des pensions. Le ministre des Finances britannique a, pour sa part, assuré que ces augmentations ne représenteraient qu'une croissance de 1 % de la dépense totale mobilisée pour le financement des retraites.
Si la situation n'est pas aussi dramatique que certains veulent le croire, la réponse nécessite cependant des mutations culturelles fortes allant dans le sens d'un allongement sensible de la durée du travail mais en donnant la priorité à des démarches individualisées.
Tout devrait être fait pour favoriser le maintien en activité des salariés et autres actifs seniors. Chacun doit pouvoir, pourvu qu'il en ait l'envie, la capacité physique et qu'il y gagne financièrement, travailler largement au-delà de 65 ou même 70 ans. S'il est possible de continuer une œuvre littéraire, de tenir un rôle sur des planches ou de représenter son pays à plus de 70 ans, pourquoi serait-il impossible de conserver une activité plus banale mais tout aussi enrichissante, dès lors qu'elle se déroule dans des conditions satisfaisantes ? Lorsque physiquement rien n'interdit d'être actif, quoi d'anormal à ce qu'il soit possible – et souhaitable y compris psychologiquement et physiologiquement – de conserver une activité professionnelle à plus de 70 ans ?
Certes, cette approche nécessite tout autant une révolution

culturelle que des adaptations réglementaires. Côté mentalités, sont concernés au premier chef les dirigeants d'entreprises et les recruteurs qui aujourd'hui restent majoritairement très conservateurs quand il s'agit d'embaucher ou de construire des parcours professionnels pour des seniors. Même s'il faut bien admettre que depuis plus de vingt ans, les salariés (les artisans et professions libérales cessent leur activité vers 65 ans) vivent dans l'idée de cesser de travailler avant 60 ans, la pratique des décideurs d'entreprise paraît étonnamment plus conservatrice que celle des Français dans leur ensemble : 51 % d'entre eux se déclarent favorables à la poursuite d'une activité professionnelle des seniors, s'ils le souhaitent, au delà de 65 ans [1]. On notera d'ailleurs que les plus favorables sont les jeunes de 18 à 24 ans et les plus de 64 ans.

Pour rendre attractive cette véritable révolution copernicienne, il importe aussi de faire évoluer le cadre réglementaire sur deux points. Il est d'abord nécessaire de légaliser cette possibilité et de permettre aux seniors concernés de cumuler, dans certaines limites, une partie de leur pension de retraite avec des appointements générés par la poursuite d'une activité. Ce cumul est d'autant plus nécessaire que l'on peut imaginer une série d'aménagements permettant au senior concerné de progressivement travailler moins : à plein temps jusqu'à 65 ans, à 70 % jusqu'à 67 ans, à 50 % ou moins jusqu'à 70 ans, par exemple. Pour être séduisante, la retraite à la carte implique donc que le senior en activité bénéficie d'un complément qui, au total, soit supérieur au revenu de sa simple retraite.

Il conviendra aussi de réfléchir à la remise en cause du dogme du salaire à l'ancienneté. Si l'âge n'est pas un facteur négatif, de la même façon il ne doit pas nécessairement

1. Sondage Sofres, opus cité.

générer une croissance linéaire et systématique du salaire. C'est à cette condition qu'il sera possible de rendre plus compétitif le coût du senior pour l'entreprise. Cet assouplissement – qui devient réalité au Japon – serait d'autant plus aisé que le plus souvent les seniors atteignent une étape dans leur vie où les contraintes économiques sont moins lourdes : les enfants sont généralement devenus autonomes et les principaux emprunts, liés à l'acquisition d'un logement, sont remboursés.

Le COR lui-même, dans les travaux préparatifs à la remise de son rapport du 6 décembre 2001, réfléchissait à des systèmes favorisant le passage à une logique individuelle qui tienne compte de l'état de santé ou du poste réellement occupé plutôt que du secteur d'activité ou du métier de ceux qui bénéficient de régimes spéciaux. Une approche assurément plus productive pour faire évoluer le système.

Dès lors on ne voit pas bien ce qui interdirait un allongement sensible de la période de travail, étant entendu que l'entrée dans la vie active se fait plus tardivement et que l'espérance de vie – en bonne forme – s'accroît. Tout montre que la poursuite d'une activité est un facteur de maintien psychologique et physique optimal pour les seniors. Sans doute une source de diminution, lorsque le stress est supportable, de la consommation de médicaments. Bref, une activité professionnelle, même réduite, s'inscrit parfaitement dans la logique des choses sur le plan personnel comme sur celui des équilibres globaux.

Reste que les principaux freins à ce mouvement tiennent d'abord à la situation de l'emploi qui favorise des comportements frileux et routiniers des employeurs. Malheureusement, le manque d'imagination des décideurs et leur incapacité à sortir des vieilles recettes et des chemins balisés jouent tout autant. Déterminer l'organisation du système de retraite relève donc bien plus d'une question de choix de société que d'un débat sur les modes de financement.

Jean-François Veysset
(CGPME)

« En finir avec un système de rémunération indexé sur l'ancienneté »

Numéro 2 de la CGPME, Jean-François Veysset est le « Monsieur social » de la Confédération. Membre du Conseil Economique et social, vice-président de l'Unedic et président de l'AGEFOS-PME Ile-de-France, il siège au conseil d'administration de l'AGIRC et de l'ARCCO. Son discours original propose un regard personnel sur l'intégration des seniors dans l'économie.

Quelles conclusions tirez-vous du déséquilibre démographique en faveur des seniors ?

Il est évident que le gain de trois mois de vie par an est un phénomène qui aura de plus en plus de conséquences sur l'intégration des seniors dans l'entreprise. Très profondément, je crois que nous ne pourrons pas indéfiniment agir comme si de rien n'était. Il me semble difficile de continuer de nous représenter les seniors comme des gens inactifs. Chacun a besoin de rester acteur de la vie sociale. Ce qui nous obligera à réfléchir sur la notion d'activité et d'emploi : bien que représentant du patronat j'ai parfaitement conscience que le secteur privé n'est pas le seul lieu où l'activité puisse s'exercer. Les seniors, en particulier, peuvent être utiles au sein du monde non marchand, par exemple associatif ou social. Plus profondément, je crois que cette approche nécessitera de remettre en cause la notion de bénévolat qui sur le long terme nécessite un financement.

En fait, vous semblez élargir la réflexion née des emplois jeunes ?

Oui, les emplois jeunes ont été un révélateur comme la notion de revenu minimum. Un senior exerçant une activité de bénévolat utile à la société devrait se voir rétribuer en fonction de ses revenus. S'il ne dispose pas d'autres ressources, cette activité devrait lui permettre de perce-

voir au minimum un complément de revenus au moins équivalent au Smic auquel s'ajouterait la couverture sociale ; en revanche, à l'autre bout de l'échelle, un bénévole ayant un niveau raisonnable de revenu acquis par ailleurs devrait trouver tout de même un avantage matériel à son activité. Et au minimum qu'il soit totalement défrayé des engagements financiers nécessités par son activité.

Bien entendu l'ensemble de ces revenus ne doivent pas venir en déduction du montant de la retraite mais venir en complément.

Vous insistez sur le bénévolat mais qu'en est-il des seniors au sein des entreprises ? Pensez-vous que nous pourrons encore longtemps nous satisfaire d'une approche qui privilégie l'éviction des seniors ?

Il faut d'abord admettre que les dispositifs de pré-retraites ont permis aux grandes entreprises de gérer les sureffectifs avec un coût social réduit. Par ailleurs, une partie des personnes concernées ne pouvaient plus suivre l'accélération des techniques, ni les changements de méthodes d'organisation. Rien n'est plus périssable que les compétences. Mais encore une fois, ce n'est pas parce que certains seniors ne sont plus employables au sein de l'entreprise qu'ils n'ont pas une utilité sociétale. Laquelle doit être rémunérée à travers une ressource de complément et non de compensation.

Cependant, vous avez raison, il faut aussi réfléchir aux moyens de conserver plus longtemps les salariés dans l'entreprise car l'allongement de la vie implique naturellement une durée de travail plus longue et, par ailleurs, les seniors ont bénéficié bien plus que la génération précédente d'un niveau de formation élevé. Bien entendu, il faut ici prendre en compte la pénibilité du travail déjà effectué et le type de compétence demandée.

Mais cette approche nécessite d'en finir avec un système de rémunération qui soit indexé sur l'ancienneté car le coût devient à la longue insupportable pour les entreprises, en particulier les plus petites. A partir d'un certain

moment, la productivité du salarié ne croît plus et ses besoins tendent à diminuer du fait principalement du départ de ses enfants du foyer ; aussi, serait-il raisonnable de diminuer, voir d'inverser, la courbe de progression de son salaire. Ainsi l'âge ne serait plus économiquement pénalisant aux yeux des entreprises.
D'autant plus que nous percevons parfaitement combien les seniors sont souvent très motivés et efficaces. Il n'est que de voir le formidable engouement qu'ils manifestent pour s'approprier les nouvelles technologies de la communication.

Voyez-vous au sein des petites et très petites entreprises un mouvement de retour en grâce des seniors ?

Depuis deux ans, nous notons ce phénomène. Nos entreprises se doivent d'être réactives et parfois l'emploi de seniors permet de gagner en efficacité. Mais le mouvement le plus notable concerne les femmes de plus de 50 ans qui, le plus souvent par nécessité, se retournent vers les entreprises après que leurs enfants sont élevés, à la suite d'une séparation ou par simple besoin de se remettre en cause. Nos entreprises ont très bien accueilli cette population nouvelle car elle se caractérise par une forte motivation, de véritables compétences humaines et un grand désir de réussite dans cette nouvelle vie.

Henri Amouroux : l'anti-retraite. Henri Amouroux, membre de l'Institut et président du jury Albert Londres est un écrivain à succès –les dix tomes de son « Histoire des Français sous l'occupation » (Robert Laffont), se sont vendus à plus de 2,6 millions d'exemplaires. À 80 ans passés, il reste un bourreau de travail pour qui la notion de retraite n'a rigoureusement aucun sens.

« J'ai des enfants, des petits-enfants et des arrières petits-enfants, mais ce n'est pas pour cela que je me sens obligé de ne rien faire. On peut rester dans le coup à tous les âges et au contraire être dépassé dès 45 ans. Tout dépend de sa morale, de sa mentalité... et de sa santé. Pour ce qui me concerne, j'ai la chance extraordinaire d'exercer un métier que j'aime et je déteste les vacances. Alors pourquoi voulez-vous que je m'arrête ? Pour tout dire, sur toute l'année 2001, je n'aurai cessé de travailler que deux jours. Lorsque l'on est journaliste, il me paraît inconcevable de se couper de l'actualité. Si l'on s'arrête, le risque est très grand de ne plus pouvoir coller à la réalité. Je suis persuadé que si j'avais pris ma retraite, je serais déjà mort. C'est l'activité et la passion qui permettent de vivre. Et pour tout vous dire, je crois que je travaille aussi bien aujourd'hui que lorsque j'avais 45 ans, car mon activité ne nécessite pas de force physique mais de la rigueur intellectuelle.

Il faut aussi prendre conscience que la notion d'âge a profondément évolué : à l'âge que j'ai aujourd'hui, mon grand-père était un vieillard. Et puis, plus largement, je ne comprends pas que d'élection en élection, on s'évertue à avancer l'âge de la retraite alors que tout montre que nous allons vivre de plus en plus longtemps. On marche véritablement sur la tête car comment voulez-vous que les actifs puissent permettre aux inactifs de vivre jusqu'à 110 ans, si tout le monde cesse de travailler vers 55 ou même 50 ans ? »

CHAPITRE 4

Et en plus ils consomment

Les seniors sont aussi des consommateurs. Même si de nombreux responsables de marketing pensent toujours en termes de « rajeunissement de la cible » et n'ont toujours pas compris qu'il y a une vie après cinquante ans, ils devront se rendre à l'évidence ; d'ailleurs certains perçoivent déjà l'importance du marché qui émerge. Ceux-là voient bien l'aspect positif du vieillissement de la population...

Il est vrai que pour la première fois dans la période contemporaine, en moyenne les seniors bénéficient de revenus supérieurs, d'environ 8 %, aux autres générations. Ils disposent du plus important patrimoine jamais constitué. Sans oublier que chaque année, ce sont 140 000 foyers de quinquagénaires de plus qui apparaissent.

Non seulement les seniors disposent de revenus importants, mais ils ne sont plus des consommateurs suivistes et conservateurs. Bien au contraire. A l'inverse de ce que peuvent encore croire tous ceux qui ont raté le train de la révolution socio-démographique, les seniors sont des consommateurs attentifs et sélectifs mais aussi créatifs et pionniers. Ils n'hésitent pas à adopter de nouveaux produits et services pourvu que leur fonction d'utilité soit réelle. Exigeants et connaisseurs, ils savent mieux que d'autres évincer les fausses idées et les mauvaises offres. Aujourd'hui, les seniors transforment la dynamique du marché de manière autrement plus forte que les jeunes. Ils sont à la fois consommateurs et prescripteurs pour de nombreux produits.

L'explosion du poids des seniors dans la population des pays développés nécessite un complet changement dans l'approche de la consommation. Peter Drucker, le « pape » du management, et accessoirement un nonagénaire toujours diablement actif, signalait lui même à ses lecteurs [1] « *la fin du marketing de masse* », au profit d'une vision prenant en compte la réalité : ce n'est plus le marché des jeunes qui va tirer la consommation mais bien celui des seniors. Eh oui, messieurs les as du marketing et de la publicité : non contente de se nourrir elle aussi, la ménagère de plus de 50 ans sera de plus en plus demandeuse de produits et services spécifiques.
Cette fable de la « ménagère de moins de 50 ans », qui depuis des décennies constitue l'alpha et l'oméga de la pensée commerciale, est le symbole d'une vision des plus rétrograde : c'est croire encore que seules les femmes font les courses et les repas mais aussi qu'elles doivent avoir nécessairement moins de 50 ans pour être actives, décisionnaires, en charge d'enfants et fortes de désirs.

Le XXe siècle a été marqué par ce prima du jeunisme, cette course au marché des jeunes : « *Ciblons les jeunes car ils sont les consommateurs moteurs et ceux qui ont la capacité d'adopter la nouveauté* ». Sous-entendu, les « vieux », ces nouveaux invisibles, suivront. La valeur de la jeunesse est passée d'un rôle de porteur symbolique de la contre-culture à celui de référence pour la société de consommation où les comportements à 20 ans induisent les positionnements de toute une vie et imprègnent ceux des générations plus anciennes.

1. Peter Drucker, « The next society », in « The Economist », 3 novembre 2001.

Non, le marché est plus complexe que cela. Les cibles sont de moins en moins homogènes, les attentes latentes de plus en plus polymorphes. Les seniors en particulier, par leur éducation, leurs revenus et la légitimité conférée par l'expérience, sont en mesure d'orienter le marché et de faire le succès de telle ou telle offre. Car nous sommes entrés dans l'ère du marketing de l'offre. Aujourd'hui, globalement, l'offre est abondante et la demande déjà largement satisfaite pour ce qui concerne les besoins vitaux (du moins dans le cadre général). Il s'agit donc de proposer, de mettre en situation une offre nouvelle, créative et créatrice qui parle aux sens, au désir, au confort, au service, à la réalisation de soi.

Ils devront bien comprendre ces « as du marketing » qu'il sera impossible de traiter indéfiniment par le mépris la ménagère de plus de 50 ans. Comment imaginer que la pérennité de l'entreprise, sur un marché toujours plus exigeant et éduqué, puisse être assuré en se coupant sciemment de 50 % de la demande ? Les seniors constituent 45 % du pouvoir d'achat total actuellement et 55 % en 2015 [1].

Archaïsme des entreprises

Certes, les entreprises sont encore majoritairement prisonnières de cet archaïsme de la pensée, mais le nombre de celles qui réorientent, généralement dans la plus grande discrétion pour ne pas effaroucher les jeunes consommateurs et les « experts » de la communication, leur offre vers le marché des seniors ne cesse d'augmenter. Voilà pourtant plus de dix ans que certains journaux [2] alertent leurs lecteurs sur l'émergence d'un nouveau marché. La palme

1. Étude Secodip, 2001.
2. Un exemple parmi les plus caractéristiques, l'article intitulé « Les bénéfices de l'âge », in « L'Expansion » du 17 février 1994.

revient peut-être au « Nouvel Economiste »[1] qui, voici un quart de siècle, proposait une enquête sur « Le boom du marché du troisième âge »...
On verra aussi qu'aux Etats-Unis, où le pragmatisme est roi, les firmes sont de plus en plus nombreuses à avoir intégré cette composante. Il est vrai que là-bas, la culture du service est prégnante et que les seniors se sont organisés depuis cinquante ans pour peser sur la société.
Mais ce retournement de paradigme nécessite bien une révolution des mentalités car l'habitude a été prise de laisser les jeunes – ou les faux jeunes, ce qui est pire – parler aux jeunes. L'être humain est ainsi fait : il croit que son environnement, son cadre conceptuel, est partagé par le plus grand nombre. C'est pourquoi, la mutation de l'offre est intimement liée à l'évolution du recrutement des entreprises : le marché évolue sous la pression démographique et sous l'effet de la présence nouvelle de décideurs seniors, y compris aux fonctions marketing et commerciales.

Un simple regard sur les chiffres et les faits – qui comme chacun sait sont têtus – suffit à se convaincre de l'émergence d'un nouveau marché qu'il est criminel de mépriser. Les seniors disposent en premier lieu de revenus supérieurs à la moyenne de la population et de revenus, qui plus est souvent disponibles, car ils en ont fini avec les remboursements d'emprunts. Par ailleurs, plus de 80 % des femmes nées après-guerre ont exercé une activité salariée. Cette réalité, qui est certainement le plus gros marqueur social du XXe siècle, entraîne donc, en dépit des pressions sur les retraites, un accroissement des revenus des couples retraités du fait de la double pension. Ce qui n'empêche malheureusement pas qu'une partie de cette population continue de vivre dans le dénuement et la précarité. Le paradis et la

1. « Le Nouvel Economiste » du 17 octobre 1977.

justice n'existent pas plus pour les seniors que pour les autres.

Cependant, en France, 75 % des actifs financiers et plus du tiers du patrimoine immobilier sont aux mains des seniors. Dans les grandes banques généralistes, les avoirs qu'ils détiennent sont en moyenne quatre fois plus importants que ceux des « actifs ». Quant aux produits, nombreux sont ceux qui doivent une large part de leur succès ou de leur maintien sur le marché à la consommation des seniors. Une consommation qui ne se limite certainement pas aux produits pour incontinence, aux systèmes de télé-alarme ou aux outils de jardin ! Il faut arrêter de croire que les plus de 50 ans ne s'intéressent qu'aux produits de beauté, aux assurances et au paramédical !

Coups de jeune fatals

Ainsi chez Renault, on se souvient encore avec gêne du succès paradoxal de la Twingo, voiture novatrice s'il en est, conçue pour les jeunes couples urbains et plébiscitée par les plus de 50 ans sans enfants. Le secteur de l'automobile, si important pour la dynamique économique dépend, dans sa globalité, des seniors qui représentent 50 % des ventes (80 % pour les modèles haut de gamme, là où les marges sont les plus fortes).

Un autre exemple ? Un produit nomade et à l'image « jeune » comme le camping-car réalise plus de 70 % de ses ventes auprès des plus de 50 ans. Sans compter que les seniors représentent 80 % du marché du luxe, la moitié du secteur des eaux minérales et des crèmes de soin, plus de 50 % des voyages en 1re classe en avion et en train, la majorité de la consommation des whisky haut de gamme, etc... L'inventaire serait sans fin : les seniors s'habillent, se nourrissent, voyagent, soignent leur aspect... Bref, ils vivent. Et donc ils consomment.

Alors pourquoi diable vouloir à tout prix « rajeunir la cible » ? Une marque de vêtements comme Marcelle Griffon s'y est essayée désespérément. Elle en fut quitte pour un dépôt de bilan... De la même façon, l'épisode « anti-vieux » de RTL restera dans les annales : à vouloir évincer les seniors de l'antenne, à les mépriser et à communiquer sur son rajeunissement, la station a perdu en quelques mois vingt ans de leadership incontesté en faisant fuir les plus âgés sans pour autant séduire les plus jeunes. Il ne s'agit pas de proclamer partout que le marché est aux seniors, qu'il faut « vieillir la marque », mais simplement de comprendre qu'ils sont des consommateurs à traiter autrement que par le mépris et l'ignorance.

Selon les produits et les services considérés, la prise en compte des seniors peut se traduire par quelques aménagements de détails, par des campagnes de promotion et de communication spécifiques, mais aussi par la création d'offres répondant à des besoins particuliers. Le monde du service est particulièrement concerné par une démarche proactive en direction des seniors car la demande est forte pour des interventions qui viennent décharger de différentes tâches ou qui contribuent à améliorer le confort quotidien. Auchan affichant un visuel de mariée aux cheveux blancs dans les bras de son époux âgé, les « providers » montrant des seniors surfant sur Internet ou, en Grande-Bretagne, le voyagiste Saga visant ostensiblement les seniors, doivent-ils rester des exemples sans suite ? Ceux qui visent ce public font encore trop souvent figure de pionniers. La RATP, à Paris, ne s'y est pas trompée qui depuis bientôt dix ans, propose des Jeudi actifs à travers le programme « senior-cité ». Les seniors sont invités à venir s'initier à Internet ou à visiter des expositions ou des musées. Bien entendu, le métro est le meilleur moyen de se déplacer pour participer à ces activités.

À l'ère du marketing de l'offre, ce sont les aventuriers du marché qui auront raison. Prenons un seul exemple, Patrick Vendromme, PDG de Maisons France Confort, a choisi de proposer un catalogue de maisons individuelles pour seniors. Ces produits, dont le coût de revient atteint 30 à 50 000 euros de plus que pour des maisons standard, sont agencés de façon à répondre aux comportements spécifiques des seniors : pièces de plain-pied, portes plus larges de 10 cm, carrelages antidérapants dans la salle de bain. Deux chambres séparées par une salle de bains, permettent par exemple à ceux qui le désirent de s'isoler, une pièce est à aménager en fonction des hobbies... Sans compter l'adjonction à l'étage d'un studio indépendant qui peut aussi bien servir de chambre d'ami que d'habitation pour une aide à domicile. Ou être loué en complément de revenu. Aux dires mêmes de l'initiateur, le prix reste encore un frein à l'acquisition de ce type de produit, proposé depuis le début 2001, et qui vise la cible des sexagénaires pour une domiciliation rapide ou des quinquagénaires pour réaliser d'abord un amortissement avant son utilisation. En 2002, une offre complémentaire « sans le studio », explique Patrick Vendromme, doit permettre de dynamiser l'attractivité de ce produit original.

Pour en revenir au secteur de l'automobile, faute d'avoir des seniors dans les équipes de conception, certains constructeurs se sont équipés de simulateurs, développés par la firme allemande Brandstadter, permettant de ressentir les besoins et attitudes de personnes plus âgées. Contrairement à ce que les poncifs d'un autre temps laisseraient croire, séduire les seniors nécessite d'innover, de créer et d'écouter. Le marketing pour seniors est un marketing de rupture.

Les trois types de seniors

Fondamentalement, la dénomination « senior » ne recouvre pas vraiment la réalité. Car, le plus souvent, le mode de vie des seniors se comprend d'abord comme une continuité. On ne se transforme pas le jour de ses 50 ans en un individu passif et laborieux après avoir été un taureau de combat. Ou inversement ! Le parcours personnel, les origines, les revenus, le capital culturel, la mobilité et l'histoire de chacun écrivent pour une bonne part l'attitude qu'on aura en tant que senior.

Cependant, sous le vocable senior se cachent aussi des réalités hétérogènes liées à des données aussi diverses que l'âge, l'environnement familial, l'histoire personnelle, l'origine socioprofessionnelle ou encore l'état de santé et le statut social. Le simple bon sens permet de penser qu'il n'y a pas grand-chose de commun entre une personne de 53 ans surdiplômée et revenant d'un trecking au Népal, et son aîné de 90 printemps, qui se débrouille seul avec une pension insuffisante pour financer les multiples frais médicaux et aides à domicile que son état exige.

On compte au moins trois typologies de seniors : les ***SeTra (Seniors Traditionnels)*** qui conservent à 55, 70 ou 85 ans peu ou prou le même type de comportement : la responsabilité face à leurs enfants est progressivement remplacée par une implication identique auprès de leurs petits-enfants et de leurs propres parents. Arrivés à la retraite, ils restent très consommateurs d'autant plus qu'ils ont fini de rembourser les emprunts contractés et qu'ils sont souvent propriétaires de leur logement. Plutôt conservateurs, ils donnent la priorité aux valeurs sûres et consomment sans ostentation. La transmission et l'héritage restent des objectifs structurants.

Ce sont surtout les ***BooBos (Boomers Bohêmes)*** et les ***SeFra (Seniors Fragiles)*** qui doivent mobiliser l'attention des décideurs. Les premiers, ces jeunes seniors issus du baby-boom, sont les gagnants du début du millénaire ; les autres nécessiteront de manière croissante une attention constante.

Les « visiteurs du soir » du marketing

Les « BooBos » forment le groupe dominant, hégémonique pour reprendre la formule d'Antonio Gramsci, pour qui le pouvoir est une conjonction de domination économique et d'influence culturelle, qui forme un magistère social. D'une certaine façon, ces faiseurs de tendance constituent le socle de la catégorie des « Bobos », cette figure de consommateurs qui s'attachent à l'image et au signifiant du produit autant qu'à ses caractéristiques, pointée avec humour par David Brooks dans le désormais fameux ouvrage publié chez « Florent Massot Présente ». Brooks revient 247 fois sur les années 50 qui forment la matrice de référence des Bobos. C'est pourquoi nous parlons de Boomers Bohèmes, de « BooBos » : ils développent pour la plupart des attitudes, des postures qui sont les traits caractéristiques prêtés aux Bobos. Avec quelques rides en plus. Ainsi ils sont particulièrement attentifs à ce qu'ils mangent, à la qualité des produits de façon générale. Surinformés, ils développent différentes formes de consommation éthique et n'hésitent pas à multiplier les voyages, les rencontres et les expériences. Leur attention aux marques ne les empêche pas de jouer l'innovation. Ces BooBos sont présents là où personne ne les attend. Ce sont « les visiteurs du soir » du marketing. Ils font le succès d'un nombre grandissant de produits et de services.

Ces BooBos bénéficient en outre d'un imposant capital culturel fait de formation, de savoir-faire et de savoir-être et ils ont suffisamment d'expérience pour savoir peser collectivement sur les décisions publiques.

Catégorie privilégiée de seniors, elle dispose de trois atouts essentiels, le temps libéré, la forme et l'argent. Ces nouveaux seniors ne veulent pas (et le voudront encore moins à l'avenir) être mis à l'écart de l'évolution de la société. Ils entendent jouer un rôle essentiel dans le domaine sociétal et économique (consommateur, prescripteur et producteur). Ce sont les enfants de la société de consommation et de la communication de masse. Ils ont vu arriver toute les innovations technologiques qui font notre quotidien (la TV et la publicité, la démocratisation du téléphone, le walkman, le magnétoscope, le Minitel...).

Cette génération a appris, dans un environnement pacifique, le rôle des rapports de force et le poids du collectif. Si le mouvement de Mai 68 n'a concerné directement qu'une minorité des seniors d'aujourd'hui, tous ont évolué dans un cadre socio-culturel profondément modifié par « l'esprit de mai ». Plus largement, cette génération ne s'attache guère au statut, mais privilégie la compétence et le service rendu.

Ce public se place entre deux générations plus jeunes et une, voire deux, plus âgées : la notion de grand-parent ne recouvre donc plus du tout le même champ. Dans bien des cas d'ailleurs, il y a un refus affirmé à tenir ce rôle social qui peut être une entrave à la satisfaction de leur désir et à l'exercice de leur nouvelle liberté. « *Grand-père oui, mais pas à plein temps ni sur commande* », résume Dominique C., cadre très supérieur le jour, et batteur de jazz la nuit.

Ils ne se sentent pas vieux – et ils ne le sont pas. D'ailleurs la vieillesse est une notion évolutive. Ce public est ainsi très attentif à son image et à la façon dont on l'aborde. Il attend des services spécifiques, pour faciliter et sécuriser le quotidien, des améliorations de confort dans les produits, mais se refuse à être pointé du doigt comme une population à part. *« J'aime connaître les nouveautés en particulier dans le domaine sportif ou dans celui de l'automobile et des gadgets. Mais avec Marie-Jeanne nous parcourons le monde à vélo ou par des moyens de transport plus traditionnels pour courir des marathons et visiter des villes et des lieux* », note avec malice Jack Meschineau, un Vendéen de 65 ans dont la ligne superbe et l'esprit sportif ferait pâlir d'envie n'importe quel trentenaire. C'est en pensant à ce type de public, fort loin de l'image rancie du senior d'hier, qu'Auria-Vie a développé, au cours du deuxième semestre 2001, la garantie « Senior Accident » pour les plus de 65 ans ayant subi un accident chez eux ou à l'occasion d'une activité de loisir par exemple. Si beaucoup de produits à l'origine destinés aux « jeunes » ont séduit les seniors – à l'instar du Twingo Paradoxe – il n'en reste pas moins que ces derniers sont en attente de produits à l'image de l'Audi TT, de la new Beetle ou de la PT Cruizer, qui jouent sur le double registre des racines et de la modernité.

Mais si la figure des BooBos est particulièrement positive et dispose d'un séduisant potentiel de consommation, il importe de garder en tête le poids, lui aussi grandissant, des seniors très âgés et nécessitant des services d'assistance. Ces ***Seniors Fragilisés, ou SeFra***, sont déjà plus de 1,3 million de personnes et seront entre 3 et 5 millions d'ici à vingt ans. Votée en 2001, la loi instituant l'APA (Allocation Personnalisée Autonomie qui vient compléter la Prestation Sociale Dépendance) prend avec raison la mesure du problème et doit créer un consensus. La dépense dans les premières années représentera environ de 2,5 à 3 milliards d'euros pour certainement atteindre par la suite les 4 milliards d'euros. Selon les services du secrétariat d'État aux personnes âgées, l'instauration de l'APA devrait entraîner la création d'environ 40 000 emplois supplémentaires.
Mais là aussi les acteurs économiques et sociaux doivent poursuivre leur révolution copernicienne : il est impossible de fonder une société uniquement sur des valeurs de jeunesse et de vitesse sans exclure de fait cette part importante de nous-mêmes que sont les personnes âgées, et plus largement celles frappées d'handicaps lourds nécessitant des

soins et des services à domicile où encore l'installation en maisons de retraite, parfois médicalisées. Les SeFra attendent que se multiplient et s'affinent des services et des produits personnalisés soutenus par des hommes et des femmes de mieux en mieux formés. Pour les SeTra comme pour les Boobos, cela veut dire qu'ils auront à financer et gérer une grande part des SeFra, qui sont leurs propres parents.

L'objectif n'est pas de créer des « îlots de vieux », où seraient certes dispensés des services adaptés mais sans relations humaines, intergénérationnelles et de compassion. La réponse technicienne n'est pas suffisante, il importera plus de favoriser la mixité inter-générationnelle pour favoriser le maintien de la socialisation et le dialogue entre des mondes qui finiront sinon par s'ignorer, avant de s'opposer.
Si les besoins diffèrent pour les Boobos ou les SeFra, il n'en reste pas moins qu'une nécessaire réflexion est à mener sur les attentes en matière de services à la personne. C'est une opportunité pour le marché, un devoir pour la société.

Mais que fait la pub ?

La publicité reste en France un monde de jeunes. Alors qu'aux Etats-Unis, un créatif conçoit parfaitement de rester à son poste toute sa vie professionnelle, et donc de vieillir, en France, l'objectif d'un bon directeur artistique sera de piloter une agence. Résultat, ceux qui produisent des publicités sont le plus souvent des jeunes loups qui entendent d'abord séduire leurs homologues et s'adresser à leur génération. Les reflets du miroir aux vanités ont remplacé la quête du public. Parler aux vieux mais pourquoi faire ? Ils n'existent pas !
Il leur suffirait pourtant de regarder en direction de Jacques Séguéla, 68 ans, et toujours l'un des créatifs les plus bouil-

lonnants de la planète pub... « *Les publicitaires sont toujours en retard d'une guerre, ils ne font que copier, avec talent ou non, les évolutions de la société. C'est pourquoi ils n'ont pas encore pris conscience du phénomène senior* », résume de façon particulièrement franche et lucide, Olivier Ossard, le patron – quinquagénaire – d'Euro RSCG Ossard Latgé, une agence de publicité rayonnant sur la France à partir de Bordeaux et Toulouse.

Certes, là aussi, les choses bougent. Les publicités qui ridiculisent ce public ou qui présentent la figure lugubre d'un senior en noir et blanc sont passées de mode. Certains se souviennent encore de la dernière campagne de Mamie Nova : le discours d'humiliation véhiculé avait fortement secoué la marque...

De même, les campagnes grand public paraissent prendre en compte très progressivement la réalité de la cible « seniors ». Mais les campagnes qui s'adressent spécialement à eux restent encore l'exception. Le spot télévisé d'Evian mettant en scène des seniors dans une piscine restera comme l'un des tournants de l'approche publicitaire. Sauf qu'il eut été plus judicieux de mêler les générations plutôt que de focaliser sur un public âgé. Il venait après une première tentative du Danone, toujours pour Evian, de proposer en 1996, la représentation de trois personnes âgées et nues. A l'époque le groupe avait dû rapidement reculer. En 2000, il n'est pas sûr que le résultat eut été beaucoup plus positif. Ni que la mise en scène de la nudité ait nécessairement agréé ce public...

À la même période, on proposait un superbe visuel avec une nageuse septuagénaire, en maillot de bain, sur un plongeoir. Mais ce sont les Suisses qui, jusqu'à présent, ont le plus bousculé les certitudes bien établies. La compagnie d'assurances Swica a en effet accepté la diffusion d'un spot de 45 secondes mettant en scène deux personnes faisant l'amour. Rien que de très banal... si ce n'est que pour signifier que les tarifs appliqués étaient les mêmes quel que soit

l'âge des souscripteurs, les deux protagonistes avaient respectivement 76 et 74 ans.
Plus déterminante est la démarche de Nivéa qui, en 1995, décide de promouvoir sa nouvelle ligne de soin dédiées aux femmes seniors (ou matures) avec la mannequin Susan Schoënborn, proposant pour la première fois une femme d'âge mure comme figure totémique de la beauté. Son visage beau et radieux ne pouvait que séduire les femmes ciblées. Le seul défaut de ce mannequin était ses cheveux blancs symbole, en particulier dans les pays latins, de l'âge qui avance. D'autres spécialistes de la cosmétique ont suivi cette voie, comme Estée Lauder qui, pour le lancement de son produit Resilience, utilise un mannequin ayant déjà porté les couleurs de la marque 25 ans auparavant, ou l'Oréal, qui choisit aussi un mannequin d'âge mur pour promouvoir sa ligne Age Perfect.
Signalons aussi l'approche iconoclaste mais efficace du site iBazar qui fit de la sexagénaire Simone une icône dans un monde pourtant entièrement voué à la déification de la jeunesse. De même, impossible de passer sous silence la remarquable campagne « Timeless » du papetier Job, lancée en octobre 2001, et montrant dans un remarquable écrin de papier des photographies de superbes quinquas et sexas avec en contre-plongée leur photo enfant. La beauté et la noblesse de ces femmes est à couper le souffle.
Enfin revenons pour finir sur un film publicitaire du secteur automobile : celui ventant la Skoda Fabia. Diffusé à la fin de l'année 2001, il montre avec humour les tentatives d'un senior pour prendre les clefs de la voiture de son fils. Une parabole qui prend avec talent à rebours l'exemple de la Twingo.

Reste que l'on compte encore peu d'exemples où le senior tient sa place dans le concert humain. Peu de cas, où il apparaît simplement naturel de le proposer en situation dans un contexte pluriel. Le senior vu par la publicité doit être soit un mutant soit un misérable ; ou alors une vedette, généralement sur le déclin (à la notable exception de Pierre Arditi pour Optic 2000). Le recours au vedettariat est une recette éculée, mais efficace, de la démarche publicitaire qui cherche à transférer le capital image de la star au profit du produit en promotion. Dans l'approche senior, on assiste au retraitement assez pathétique de vieilles gloires du sport ou de l'audiovisuel qui viennent vanter les produits de marques souhaitant cibler les plus de 60 ans. On s'étonnera de ces choix qui créent un réflexe de comparaison peu flatteur avec l'image passée de ces stars. Une icône médiatique échappe au poids des ans seulement en restant en permanence à l'antenne, car alors le public vieillit avec elle. En revanche, l'éclipse multiplie par 100 l'effet de l'âge, du « coup de vieux ». Un Pivot, qui n'a jamais joué sur un physique de jeune premier, ou un Drucker, qui n'a jamais eu vraiment d'âge, n'ont pas eu à subir l'effet des ans. Mais ce sont des exceptions.

Le senior « version US »

Sur plus de 261 millions d'habitants, les Etats-Unis comptent environ 18 % de plus de 60 ans (12 % de personnes de 60 à 74 ans et 6 % âgées de 75 ans et plus). La pression sur les retraites est moins forte qu'en Europe en raison des surplus dégagés par la Sécurité sociale durant les années Clinton (247 milliards d'euros en cumulé par exemple, de 1999 à 2000) même si des déséquilibres sont prévisibles à terme. En outre, 62 % des salariés ont accès à des plans retraites d'entreprise et plus de 20 millions de salariés américains, sur les quelque 50 millions employés dans le secteur privé, ont placé bien plus de 1 000 milliards de dollars sur des plans complémentaires d'épargne retraite, lesquels sont défiscalisés. La puissance de certains de ces fonds, comme Fidelity qui détient 800 milliards de dollars, ou les Teatchers à New York qui disposent de 250 milliards, est notoire.

Toute la politique des années Clinton fut de réaliser des excédents budgétaires (apparus dès 1998) pour faciliter le remboursement de la dette publique et offrir une marge de manœuvre exceptionnelle pour garantir les retraites. Depuis la victoire de George Bush, l'approche privilégiée consiste à utiliser les excédents, qui ont disparu en 2001, pour diminuer à court terme les impôts.

Pragmatiques, les Américains considèrent de prime abord les seniors comme un marché à satisfaire. Plus de 50 % des retraités disposent d'un pouvoir d'achat supérieur à la moyenne des salariés et sont libérés d'engagements financiers. Cette approche, développée depuis le début des années 1980, voit s'ouvrir de nouvelles perspectives pour la période 2000-2020. En effet, le revenu disponible moyen des retraités devrait encore s'accroître de façon importante.

Deux mécanismes devraient concourir à cette évolution. Les perspectives de croissance sur le court et moyen terme des marchés boursiers américains joueront un rôle important pour une population très friande de placements financiers. Par ailleurs, pour la première fois des retraités (aisés) vont transmettre à d'autres retraités leur héritage. Or, les retraités, *ante* baby-boom, ont épargné davantage que les autres générations. Aussi les sommes en jeu sont-elles d'importance croissante : elles devraient passer de moins de 40 milliards de dollars, à plus de 200 milliards en 2005, et plus de 330 milliards en 2015. Ce phénomène a de multiples conséquences, dont celle de renforcer les disparités de revenus. Selon Robert Avery et Michael Rendall, chercheurs de l'Université de Cornell, 1 % de la population héritera du tiers de la fortune léguée.

Sans attendre ce futur doré, les seniors, en tant que marché, intéressent les entreprises. La consommation annuelle des seniors est estimée à plus de 1 000 milliards de dollars. Depuis le début des années 1990, les entreprises, les agences de publicité et les hommes de marketing scrutent l'évolution de ce marché et s'interrogent sur les moyens à mettre en œuvre pour le capter. Un marché d'importance puisque toutes les sept secondes, un « plus de 50 ans » se manifeste aux Etats-Unis.

Deux optiques stratégiques s'affrontent : celle qui favorise la constitution de ghetto et celle qui privilégie l'effet d'entraînement. Dans le premier cas, la tendance est orientée vers la constitution d'un ensemble de biens et services destinés prioritairement – ou exclusivement – aux seniors. Cela concerne aussi bien des lignes de produits alimentaires ou des articles de consommation, que des services financiers ou des prestations de proximité (sécurité, assistance médicale...). Mais en réalité, peu de biens et services intéressent uniquement une tranche d'âge élevée. Certains produits financiers ont certes des caractéristiques spécifiques prenant en compte l'espérance de vie théorique du senior. Des médicaments et des compléments nutritifs sont aussi prescrits en fonction de l'âge, des biens sont conçus pour faciliter les déplacements des personnes à mobilité réduite... Toutefois, le plus souvent il s'agit de communiquer indirectement vers la cible des seniors, plus que de créer des produits spécifiques.

Une telle communication est cependant difficile à élaborer, même si les exemples se multiplient depuis le début des années 1990. Ainsi, le spécialiste de la restauration rapide, Mc Donald's, a cherché à élargir son potentiel de clientèle en développant un « Senior Program ». Ce type de démarche, étalée sur une dizaine d'années, ne se contente pas d'actions de communication (affiches publicitaires présentant des seniors attablés dans un restaurant entre eux ou avec des petits-enfants) mais nécessite de repenser le confort des salles, leur architecture et leur luminosité. Et bien évidemment d'intervenir sur l'offre des menus en enrichissant

les choix. En outre, Mc Donald's a recruté des seniors qui côtoient les étudiants derrière les comptoirs.
De son côté, le distributeur Wal-Mart a réalisé plusieurs films publicitaires dont les acteurs jouent des employés seniors qui prodiguent des conseils aux clients. Les fabricants de jouets américains ont pour leur part pris la mesure du rôle des grands-parents dans l'achat : Fischer-Price a sponsorisé un magazine, « Grandparents Today », tandis que FAO Schwartz, le plus grand magasin spécialisé de jouets à New York, a créé un espace dédié aux seniors, Grandma Shop, où des vendeurs les aident à choisir des jouets pour leurs petits-enfants.

Investissements seniors

La sensibilité au marché des seniors ne concerne pas seulement le secteur des services. Par exemple, en 2000, les constructeurs de caravanes et camping-car ont investi pour 15 millions de dollars en communication pour les séduire. Le secteur des médicaments et des « alicaments » (aliments artificiellement survitaminés) est aussi particulièrement concerné par le vieillissement de la population. L'industrie pharmaceutique américaine est assise sur un marché juteux : les dépenses de santé représentent 1 200 milliards de dollars par an, soit 14 % de la richesse produite (contre 7 % en moyenne dans les pays européens). L'industrie pharmaceutique a donc inscrit les seniors comme une cible prioritaire et hautement rentable. C'est en effet un public nombreux et solvable, et par ailleurs particulièrement sensible aux questions de santé et de bien-être ; il présente en outre des demandes spécifiques comme celles concernant les troubles de la mémoire et la maladie d'Alzheimer (sa « renommée » aux Etats-Unis doit beaucoup à Ronald Reagan qui en est atteint) qui touche au moins 4 millions d'Américains de plus de 55 ans.

Ce n'est donc pas un hasard si le groupe Pfizer, qui commercialise le Viagra dont les seniors sont les premiers consommateurs, a axé la majorité de ses équipes de recherche sur des médicaments pouvant pallier les effets du vieillissement, comme l'arthrite, l'incontinence et surtout les maladies cardio-vasculaires. Déjà le groupe américain commercialise des molécules pour traiter la maladie d'Alzheimer ou encore des solutions destinées à combattre l'hypertension.
Si les seniors constituent une cible de choix pour les entreprises, les tendances de l'offre de biens et services sont encore culturellement orientées en priorité vers les jeunes ou les « ménagères de moins de 50 ans », mais les temps changent sous la pression des lobbies (lire plus loin).

Des exemples inverses, où la logique « séparatiste » est poussée jusqu'au bout, ne peuvent pas non plus être ignorés. Le plus caricatural sans doute est le fruit de l'imagination des promoteurs qui ont bâti des lieux de vie spécifiques réservés aux seniors : les « Sun City ». Si le concept date de près de trente ans, il s'est fortement développé depuis le début des années 1990. Ces lieux préservés du monde extérieur par de hauts murs et des entrées codées sont gérés par une association de copropriétaires qui édicte les lois intérieures et accorde les permis de construire. Le système américain autorise en effet l'existence de lieux où la loi interne prime sur celles édictées par l'Etat ou le gouvernement fédéral : ce sont les CID (Common Interest Development). La plus grande Sun City se trouve à Phoenix, dans l'Arizona, elle regroupe 45 000 personnes... l'équivalent de toute la population de la ville de Chartres. Poussées à l'extrême, ces Sun City proposent une nouvelle forme de ségrégation : « l'apartheid générationnel ». Cette forme de socialisation par l'exclusion fait cependant figure d'exception.

Les médias et les seniors. Les seniors sont toujours les mal-aimés des médias. Il suffit de se remémorer l'épisode RTL ou encore l'incompréhensible chasse au vieux de France 2, qui pour tenter désespérément de rajeunir son audimat, a choisi de supprimer les émissions de l'après-midi de Pascal Sevran. Or ceux qui regardent la télévision dans la journée sont simplement les plus disponibles : enfants non scolarisés, chômeurs et retraités. Pour rajeunir l'audience, il faudrait supprimer l'école l'après-midi ! Drôle de programme.

En fait, les seniors sont pour une large part des gloutons oculaires, puisqu'en moyenne, ils regardent la télévision une heure de plus par jour que les autres (4 h 05 au lieu de 2 h 49, pour les 25-59 ans). Cette moyenne recouvre toutefois de fortes disparités entre ceux dont la multiplicité des activités interdit de perdre trop de temps devant le petit écran et ceux pour qui la télévision représente le passe-temps presque exclusif.

Les seniors représentent le tiers de l'audience, mais ont un comportement très proche de celui des autres générations : les courbes d'audience sont parallèles. Simplement la tranche 11 h 30-15 h est plus fortement impactée par les seniors, alors qu'entre 17 h 30 et 19 h, le poids de 4-24 ans devient aussi important que celui des plus de 60 ans. A partir de 20 heures c'est l'inverse, les plus jeunes vont au lit et les seniors comme le reste de la population regardent en masse les émissions télévisées.

Quoi qu'elles en disent, TF1, France 2 et encore plus France 3 et la Cinquième sont des chaînes de seniors. Lesquels savent panacher les émissions en fonction de leurs centres d'intérêt, en passant de « Questions pour un champion » au 19-20 de France 3.

Cette réalité n'empêche pas quelques francs-tireurs de tenter l'aventure de chaînes de complément axées sur les seniors, en s'inspirant des exemples américains comme Seniors TV ou Sun TV. Le premier projet remonte au début des années 1990 avec Télé Soleil, avant que TV Génération s'essaye en 2001, et que Télé Mélody soit lancée le

3 décembre 2001. Cette chaîne musicale entend jouer la carte de la nostalgie mais ne propose pas autre chose que des tubes d'autrefois, de l'accordéon et du karaoké... Une vision des seniors quelque peu datée mais qui pourrait trouver à terme son équilibre à travers une reprise dans les foyers et les résidences du troisième âge... On notera que la musique est l'un des éléments les plus typés : toute sa vie on privilégie les musiques écoutées et aimées durant son adolescence.

La vraie réussite des médias provient de la presse écrite où les deux titres majeurs s'adressant à ce public bénéficient chacun d'une diffusion supérieure au million d'exemplaires. Ce qui situe « Notre Temps », créé en 1968, et « Pleine Vie » dans les dix meilleures ventes de la presse en France. Un succès largement mésestimé par les publicitaires. En termes d'audience les chiffres sont encore plus saisissants puisque « Notre Temps » flirte avec les 4 millions de lecteurs. Difficile de faire mieux, même si ces deux magazines renvoient aux jeunes seniors une image un peu décalée et vieillotte, aussi bien sur le plan du contenu que de la maquette.

D'autres titres, comme « le Pèlerin » ou encore la presse TV, obtiennent leurs plus fortes audiences auprès des seniors. Mais les titres généralistes, de proximité géographique ou de contenu bénéficient aussi très largement de leur intérêt. Car les seniors sont de très gros consommateurs de médias auxquels ils demandent une mise en perspective de l'actualité, de la production d'informations de service et un accompagnement dans la réalisation de leurs différentes passions. C'est pourquoi des magazines sur la généalogie comme sur le jogging peuvent obtenir des taux de lecture surprenants de la part des seniors. Plus que les autres, ceux-ci sont de formidables, mais exigeants, demandeurs de contenus et d'informations.

Curieux et attentifs, les seniors sont aussi multiples que les médias sont polymorphes. Le refus de prendre mieux en compte leurs attentes reste un mystère qui ne s'explique que par la pression publicitaire et l'absence de recul des managers de médias.

Le lobby senior. Quelque 34 millions d'Américains, soit 12 % de la population, sont membres de l'« American Association of Retired Persons » (AARP). La moitié d'entre eux sont retraités. Créée en 1947 pour pallier les déficiences du système de protection sociale, cette association mène une action de lobbying intensif en faveur des seniors aussi bien dans les domaines de la politique fiscale que des améliorations concernant la vie quotidienne. Deux exemples sont significatifs : dès 1994, l'association avait lancé, avec le concours du ministère du Travail, une campagne pour inciter les entreprises à réembaucher des seniors ; de même l'AARP est à l'origine d'un décret, publié en 1996, obligeant les responsables des lieux publics à changer les poignées de portes existantes, jugées peu maniables.

L'AARP salarie 1 500 personnes et bénéficie de l'engagement actif et communicatif de 350 000 bénévoles. Le Conseil d'administration de l'AARP se compose de 21 volontaires élus et bénévoles. Il existe une délégation dans chaque État, et des bureaux dans les principales villes américaines.

L'AARP organise des conventions bisannuelles qui mêlent sessions d'affaires (salons avec exposants payants) et assemblées de débats et de réflexion. Les objectifs prioritaires de cette association qui regroupe près de la moitié des Américains de plus de cinquante ans concernent l'amélioration de la vie des seniors en leur proposant des services d'assistance et de conseil, et la promotion de l'indépendance et de la dignité des personnes âgées.

Ce mouvement a, en outre, fortement encouragé les entreprises à se lancer sur ce marché : compagnies aériennes, fabricants de chewing-gum ou maisons de restauration rapide ont progressivement élaboré des stratégies marketing ou publicitaires à destination des plus de cinquante ans, avec le soutien et les conseils de l'AARP. Enfin l'association édite un mensuel, « Modern Maturity », qui valorise les seniors et les informe sur l'évolution de la société. Avec 22 millions d'exemplaires diffusés, le mensuel est le premier titre de presse écrite américain. Pour prendre en compte l'émergence d'une nouvelle catégorie de seniors issus du baby-boom, l'ARPP a lancé courant 2000, un nouveau titre pour les 55-60 ans, « My Generation », le magazine des Boobos.

CHAPITRE 5

Les seniors, des citoyens au carré

Lorsque les seniors s'éveilleront... Mais ils sont déjà debout ! Réputés inactifs, les seniors sont pourtant présents dans l'animation de la vie de la Cité et représentent les forces vives du monde associatif. Ils constituent le gros des bataillons du secteur caritatif, aussi bien en tant que donateurs, que comme militants. Non seulement les seniors sont des figures habituelles de la société civile, mais ils participent aux débats politiques et sociétaux... Alors que l'imagerie dominante les décrit comme des individus peu concernés par l'évolution de la société et en retard d'une modernité, la réalité est tout autre : de plus en plus, ils sont acteurs du changement à travers leur implication dans les mouvements politiques, syndicaux et surtout associatifs.

Si les seniors représentent un poids électoral incontournable, ils constituent aussi des pôles d'influence et de référence pour les autres générations. Plus leur implication sociétale sera confortée, et moins le risque d'une dérive poujadiste et catégorielle sera présente. Plus largement, il devient urgent de redéfinir le statut et l'image du bénévole, cet actif clandestin toujours plus nécessaire.

Vers un vote senior ?

Contrairement aux Pays-Bas, la France n'a pas encore connu l'éclosion significative des partis de retraités. Il faut d'ailleurs espérer qu'il n'en sera jamais ainsi. Les seniors ne s'opposent pas aux autres générations et ne doivent pas rechercher la satisfaction d'intérêts catégoriels au détriment des autres. Non, bien au contraire, la démarche des seniors est d'abord inclusive : ils participent – et participeront de façon croissante – à la dynamique politique interne du pays. Reste qu'à travers leur poids démographique et leur sens civique, ils sont plus que d'autres capables de peser dans le débat politique. C'est d'autant plus vrai que les seniors ont progressivement acquis une connaissance du champ politique et de ses ressorts. S'ils représentent le tiers de la population, leur poids électoral est bien plus important. D'abord parce qu'il doit se mesurer par rapport au total de ceux qui sont en âge de voter. Ensuite, parce que le civisme des cinquante ans et plus est incomparable avec celui des autres classes d'âge. Aussi représentent-ils environ la moitié du corps électoral « actif ». Si les seniors, sauf exception, ne s'engagent pas dans un vote catégoriel, en revanche, ils sont en mesure d'influer sur les débats. Dès lors qu'ils prendront conscience de leur force.

Notre propos n'est en rien un appel à la guerre des générations car ce qui réunit les uns et les autres est bien plus large que ce qui les oppose. Ou, pour le dire autrement, les différences et oppositions ne se situent pas sur ce plan mais dans un cadre plus large, plus idéologique. Hélas, les seniors, en particulier les retraités et les personnes âgées, se doivent de rentrer dans une logique de rapport de force pour faire valoir leur point de vue. Il y a quelque chose d'illogique à ce que les associations de retraités soient parties prenantes de la vie locale et de ses institutions (CCAS, CODERPA...) mais qu'on ne les retrouve pas dans les lieux

de concertation nationaux, comme le Conseil économique et social, par exemple.
La création, le 24 novembre 2000, de la Confédération française des retraités (CFR) marque bien cette volonté des associations de retraités et de seniors de peser sur le débat. Sa présence durant la campagne des présidentielles 2002 en est l'illustration. La CFR regroupe déjà 2 millions de personnes et se trouve présidée par un ancien syndicaliste, Jean-Louis Mandineau. Au nom de quoi, un public qui compte déjà plus de 12 millions de personnes ne pourrait-il pas faire entendre sa voix ?
La CFR regroupe quatre organisations qui, plusieurs fois déjà, souvent avec d'autres associations dont les unions de retraités des syndicats, sont descendues dans la rue pour se faire entendre et reconnaître. La vie sociale est faite de rapports de force et de pressions diverses, en particulier de lobbying. Il eut été étonnant que les seniors choisissent de regarder passer les trains sans jamais intervenir concernant le choix d'implantation des gares. Plus la question des retraites, mais aussi de la place des seniors et des retraités dans la vie économique et sociale sera posée, plus ils auront à cœur de se faire écouter.

Transcender la question des générations

À ceux qui font mine de s'inquiéter d'une dérive corporatiste, et qui en réalité se défendent d'une concurrence de représentativité et veulent maintenir les seniors en situation de dépendance, on signalera que la reconnaissance d'organisations de seniors est aussi une façon d'éviter des dérives, réelles celles-là, qui auraient lieu avec la création d'un parti de retraités. Car la vie politique se fonde sur la confrontation d'options idéologiques, de choix de priorités et de visions de l'avenir qui doivent continuer à transcender la question des générations. D'ailleurs on peut imaginer qu'au sein de la CFR les divergences politiques soient fortes, tout comme au sein de syndicats traditionnels ou d'autres types d'organisations. C'est bien pourquoi cette forme de représentation n'a rien à voir avec celle d'un parti politique.

C'est aussi pourquoi reconnaître la représentativité d'organisations de retraités est le meilleur moyen d'éviter la multiplication de partis politiques corporatistes, à l'image de ce qui s'est fait dans certains pays européens mais aussi déjà en France comme dans le Limousin, aux élections régionales de 1998 avec l'apparition du Parti Populaire des Retraités.

La vie démocratique et sociale d'un pays se fonde sur la prise de parole régulière de l'ensemble des forces vives qui composent le corps social. Les retraités sont aussi fondés que les autres à se faire entendre, à présenter leurs arguments et à se confronter aux autres.

Nier la nécessité de ces confrontations c'est vouloir maintenir 12 millions de personnes dans un no man's land politique et choisir de les ignorer ou de les infantiliser. Ce n'est pas ainsi que l'on peut améliorer la compréhension entre les générations et apprendre à chacun le respect citoyen de l'autre fondé sur l'organisation d'échanges et la prise en compte de la parole et des intérêts de tous. La politique de l'autruche, la politique du déni n'ont jamais eu de vertus pédagogiques, ni jamais fait bon ménage avec la démocratie.

Les seniors au secours des associations

Que seraient les associations sans le dévouement et l'activisme des seniors ? Pas grand-chose. Les seniors sont de prime abord les plus importants donateurs (l'âge moyen du donateur pour des organisations comme Médecins du Monde est d'environ 72 ans). Mais surtout ils constituent l'ossature de la majorité des organisations, en tenant une grande partie des rôles de gestion, d'organisation et de représentation, tout en étant aux avant-postes de l'action. Le rôle essentiel des seniors, en particulier des retraités, au sein du tissu associatif, qui prend une importance croissante dans la vie sociale, montre combien la définition de l'inactivité doit être revue ! Le senior pratique le bénévolat pour une série de raisons qui constituent en grande partie sa « rémunération symbolique ». Certaines sont purement pragmatiques : cette activité permet de donner un sens à sa retraite et de se sentir utile et dans le coup. C'est là une façon de maintenir une fonction sociale et des rites de socialisation comme des horaires, des rendez-vous, une attention à sa présentation extérieure, mais aussi l'utilisation de cartes de visite « professionnelles » ou encore tout simplement l'action commune réalisée avec d'autres.

Le retraité, en particulier cadre et masculin, a souvent tout investi dans le champ professionnel et dans l'obtention de signes de reconnaissance. Sa mise à la retraite ouvre alors une page blanche qui peut être très déstabilisante : qui suis-je en dehors de mon activité, de la reconnaissance sociale acquise au sein de l'entreprise ? La déprime guette, parfois même le suicide ou l'état léthargique qui se manifeste par une propension démesurée à rester l'œil fixé devant le petit écran... La plongée dans le monde associatif apparaît alors comme une alternative bienvenue, une sorte de bouée de sauvetage social qui redonne un sens à la suite de sa vie, qui permet d'échapper à la solitude ou au face-à-face avec un compagnon ou une compagne, élargissant un champ d'action devenu trop limité. Des enquêtes, citées par l'association américaine des retraités, font valoir que les retraités sont plus heureux et en meilleure santé lorsqu'ils s'adonnent à une forme de bénévolat. 52 % des Américains âgés de 62 ans et plus ayant ce genre d'activité sont contents de vivre, ce qui n'est pas le cas de 32 % des Américains qui n'ont jamais eu d'activité bénévole.

Mais les seniors sont aussi fort nombreux à profiter du temps disponible pour assouvir une passion trop longtemps négligée pour cause d'emploi du temps ingérable entre les responsabilités familiales et les heures de travail. Le hobby se transforme alors en passion et mène à un engagement dans une organisation associative qui lui est dédiée. Souvent aussi le retraité met à profit la nouvelle période de vie qui s'ouvre devant lui pour revenir dans sa région d'origine et y élire domicile. L'activité bénévole permet dans ce cas de reconstruire un tissu relationnel.

Dans les deux cas, la plus forte rémunération provient du sentiment d'utilité, du plaisir personnel à faire don de soi et à recevoir des marques extérieures de considération ou à bénéficier de nouvelles sources d'enrichissement grâce aux rencontres et aux échanges noués en dehors du cercle relationnel traditionnel. Si les motivations des seniors peuvent parfois paraître de l'ordre de la convenance personnelle, elles marquent aussi le désir d'être utile aux autres, d'agir par générosité et altruisme, et ce n'est pas leur faire injure que de signaler que chacun entend pouvoir profiter du temps disponible pour mieux se réaliser, pour briser le mur de la solitude.

La lettre « Seniorscopie » se faisait l'écho, début 2002, d'une étude américaine sur le bénévolat en Caroline du Nord. L'intervention de seniors bénévoles depuis 1992 dans le secteur de l'économie d'énergie a conduit à réduire la facture énergétique de plus de 1,13 million d'euros, a contribué à réduire de 50 à 70 % le stress des dirigeants et de 20 à 30 % les congés de maladie. Dans le même temps les bénévoles ont gagné en bonheur de vivre et en qualité de santé.

Les seniors bénévoles sont des actifs, parfois très actifs même, qui participent à la dynamique économique car leurs actions débouchent aussi dans la sphère de la consommation et peuvent êtres suppléées par des salariés. Prennent-ils des

emplois à de « vrais » actifs ? Non, puisque la société, l'Etat, ne sont plus capables – ou ne le souhaitent pas – d'assurer l'ensemble des missions de construction/reconstruction du tissu social. Par essence, les Restos du cœur ne vont pas rémunérer ceux qui servent les repas chauds, car cela ferait autant de denrées non distribuées. Une problématique qui concerne l'ensemble du monde associatif. Prenons l'exemple du CNPK : ce petit club de Voile du Finistère Nord ne pourrait se permettre de rétribuer les bénévoles qui assurent la gestion administrative du centre sans mettre en péril son activité ou sans alourdir le prix des prestations et pratiquer une sélection par l'argent.
La presse se fait l'écho de ces personnalités comme Luis Rofé, jeune retraité du Crédit Mutuel de Toulouse, qui dès le début de sa retraite s'est engagé auprès de tous les publics, des enfants au troisième âge en passant par des adultes salariés, à expliquer et à former à l'arrivée de l'euro. Militant de l'Europe et fin connaisseur des questions monétaires, il fait œuvre de pédagogue et de décrypteur d'un monde parfois complexe.

L'association « Lire faire lire » créée par Alexandre Jardin, qui propose aux enfants de la maternelle et du primaire un programme d'aide à la lecture par des retraités bénévoles, correspond de la même manière à une action nécessaire mais pouvant difficilement être menée par l'Education nationale. Plus largement d'ailleurs, il faudra sans doute chercher les moyens de systématiser ce type d'approche pour soutenir dans les années futures l'effort de formation dans les écoles et collèges. Le risque de pénurie d'enseignants, la demande sociale croissante pour renforcer l'éducation, et la multiplication de retraités de l'enseignement devraient conduire à l'organisation d'un service de bénévoles de l'enseignement – et au-delà pour élargir le champ d'expérience des formateurs – chargés non pas de donner des enseignements mais d'assister les professeurs dans leurs missions pédagogiques, ainsi que les enfants à faire leurs devoirs et leurs révisions. La nécessité de la prise en compte de parcours individualisés impliquera le « recrutement » d'un volant important de moniteurs seniors qui, outre l'aide à l'apprentissage, seront autant de décrypteurs sociaux utiles pour rendre plus intelligibles les réalités du monde extérieur à la famille et à l'école.

De la même façon, une association comme Egée (Entente des générations pour l'économie et l'entraide) met au service des entreprises en création ou de celles en difficulté un réseau d'anciens dirigeants, juristes ou ingénieurs. Ces volontaires retraités donnent de leurs temps pour transmettre un savoir et surtout une expérience de l'entreprise et de ses contraintes. Le travail (le mot est lâché) des bénévoles débute là où le marché ne s'aventure pas faute de rentabilité, et où la puissance publique a renoncé à exercer sa mission faute de volonté politique et de capacité à tout prendre en charge.

Aussi est-il choquant de ne voir dans ces bénévoles que des inactifs alors qu'à tous les niveaux, ils contribuent à l'activité générale et font œuvre utile. Plus encore, c'est un statut du bénévole sur lequel il faudra se pencher. Un statut qui intègre peut-être un mode de rémunération encore que son absence soit aussi une liberté pour le bénévole et un moyen de sortir de l'aliénation de la marchandisation. Pour certains, la non-rétribution participe même du choix de ce type d'activité : en particulier certains actifs trouvent dans le bénévolat, une soupape de sécurité liée justement à la gratuité de l'acte.

Cependant, certains bénévoles non seulement ne gagnent rien à passer des heures au service des autres, mais ils y sont souvent de leur poche ! Il faudra donc proposer un mode de remboursement qui ne lèse pas les utilisateurs et qui ne soit pas intégré comme une rémunération déguisée.

On peut aussi imaginer l'instauration d'un crédit d'impôt ou d'un impôt négatif.
Le bénévole remet en cause bien des idées reçues sur les seniors, sur la notion d'inactivité. Il montre que l'on peut être un actif social tout en étant catalogué parmi les inactifs. C'est notre nomenclature mentale qu'il faudrait changer. Et cesser de ne considérer l'utilité qu'en termes d'échanges marchands, de rémunération. L'euro n'est pas la bonne mesure pour évaluer l'utilité d'un être humain, pour évaluer l'impact d'un senior sur la société.

Des consommateurs de la ville

Le domaine de la ville est un espace particulièrement demandeur d'actions et d'implication. Les seniors parce qu'ils ont délaissé le secteur professionnel comptent parmi les plus gros usagers de la ville, avec les enfants et une partie des mères de famille. Usagers et consommateurs de la ville, ils sont en demande de services et d'attention. Mais ils sont aussi en position d'en devenir les acteurs essentiels. Dans les conseils municipaux (30 % des maires sont des retraités), dans les associations de toutes sortes, dans les mouvements de quartier, ils prennent la parole et agissent pour leurs intérêts mais aussi pour le bien de tous.
Ils sont nombreux ces aînés qui comme l'ancienne présidente de l'UAP, Yvette Chassagne, 78 ans, se sont lancés à la conquête des électeurs. Cette senior étincelante a tenté, en deuxième de liste, de convaincre les Narbonnais lors des dernières municipales. Celle qui fut la première femme à sortir de l'ENA, est aujourd'hui une militante de la participation des femmes à la vie politique.
Suite à l'initiative du maire de Saint-Coulitz en Bretagne, les conseils des anciens se sont multipliés qui permettent aux aînés de faire passer un message, de faire remonter de l'information. Dans la ville de Clichy, le conseil des anciens

travaille avec le Conseil des jeunes. Une façon intelligente d'éviter des confrontations stériles.

Les seniors ne se contenteront plus – beaucoup même en refusent l'idée car cela donne de la personne qui prend de l'âge une image dépassée – d'actions limitées au repas des anciens ou à la visite de la Tour Eiffel. Ils ne sont pas demandeurs d'un Club Med du pauvre, mais entendent pouvoir agir par eux-mêmes sur leur environnement et contribuer à l'amélioration pour tous de la vie quotidienne. Ce qui est en jeu c'est la capacité des édiles à prendre en compte leurs aspirations et à organiser des lieux d'expression et d'action pour tous les types de seniors. Il s'agit autant de multiplier les modes d'accueil et de soutien des seniors les plus fragilisés pour éloigner le plus longtemps possible le moment de la perte totale d'autonomie que de donner les moyens et l'envie aux jeunes seniors de s'investir davantage dans la vie locale et d'y trouver matière à activités culturelles, sportives...

Ils s'engagent dans l'humanitaire

L'autre champ d'expression citoyenne des seniors est sans conteste celui de l'humanitaire. Au-delà des dons, les seniors s'engagent très largement aux côtés des humanitaires professionnels. En fonction de leurs compétences professionnelles acquises ou de leur tempérament, ils interviennent tout autant dans la sphère médicale que dans l'accueil et dans l'écoute. Mais ils peuvent aussi contribuer à la logistique, à l'administration ou aux interventions directes.

Jacques Hintzy, après une brillante carrière dans la communication est ainsi devenu, une fois son agence vendue, le responsable de la communication du Comité Français de l'Unicef avant d'en prendre la présidence, à 62 ans. Mais ils sont nombreux les anonymes comme Marcelle, qui résu-

ment la nature de leur engagement dans des actions caritatives de proximité par des formules aussi simples que celle-ci : « *parce que j'ai beaucoup reçu, j'ai eu envie de profiter de ma retraite pour enfin donner aux autres* ».
Le senior est une figure banale, mais appréciée et essentielle du monde humanitaire, de l'Armée du Salut à Médecins du Monde, des associations de soutien à l'alphabétisation à celles qui organisent l'accueil de réfugiés. Certaines comme AGIR abcd (Association générale des intervenants retraités – actions de bénévoles pour la coopération et le développement) réunissent et privilégient depuis plus de 18 ans la transmission des savoirs par les seniors, qu'ils soient anciens médecins ou infirmiers, anciens professeurs ou ex-routiers, ex-pêcheurs ou mécaniciens retraités... Ils sont 3 000 bénévoles devenus des acteurs de l'intervention et de la formation en France ou au service des populations dans les pays pauvres (soutien scolaire, parrainage de demandeurs d'emploi, aide aux créateurs d'entreprise....). D'autres associations préfèrent l'intergénérationnel ou l'intervention directe auprès de publics définis. Toutes seraient bien moins opérantes sans la disponibilité des seniors, leurs compétences et leur sens de l'autre.

Les interventions des seniors concernent aussi bien les actions de proximité que des interventions sur des théâtres éloignés. Ainsi du Gref qui demande à des professeurs à la retraite de venir former et soutenir des enseignants dans les pays pauvres. Ces bénévoles encadrent les scolaires et font partager leurs connaissances et leur expérience aux jeunes formateurs.
Parfois, ces seniors s'engagent dans des missions à risque comme le couple Bayart qui, depuis 1994, passe une partie de sa retraite à participer au développement d'un « french hospital » à Peshawar pour soigner les Afghans réfugiés. Durant les années de pouvoir des talibans, cet hôpital était

le seul lieu où les Afghans, et en particulier les femmes et les enfants, pouvaient recevoir des soins dignes de ce nom. Avant de rejoindre cette ONG (Medica Refresher Courses for Afghans), Michel Bayart était chef du service de chirurgie infantile à l'hôpital Saint-Antoine à Paris, tandis que Roselyne Bayart exerçait comme chef du département anesthésie dans le même hôpital. Présents à l'hôpital au moment où se terminait la guerre contre les talibans, les Bayart espèrent bien pouvoir aussi contribuer à la formation d'une nouvelle génération de médecins afghans.

Certes, tous les seniors ne disposent pas de la compétence nécessaire pour ce type de mission, ni ne souhaitent s'engager aussi durablement et avec autant de densité mais ils sont nombreux ces combattants de l'ombre dont les rides ne sont ni un handicap ni un repoussoir pour ceux qui, sur les bas-côtés du chemin, croient en la solidarité fraternelle des hommes.

Qui oserait dire encore que les seniors sont un poids pour la société ? Qui aura l'indécence de signifier que les seniors sont par nature des êtres passifs et dépassés ? Qui parlera encore d'inactifs ?

Marie Lauriat, la militante. Des yeux superbes, la taille fine et l'esprit volontaire, Marie Lauriat, 61 ans, directeur du projet Ethique à l'Afpa et conseillère déléguée à la culture de la ville d'Orsay, est l'archétype de ces femmes seniors qui entendent profiter du temps libéré par la retraite pour s'engager dans la vie collective.

« Vers 50 ans, ma vie personnelle a connu un brutal changement, aussi j'ai beaucoup réfléchi à mon avenir. J'ai choisi de déménager et de venir dans une ville proche de Paris pour pouvoir continuer d'y travailler et pour profiter de son attraction culturelle. Plus tard, j'ai décidé de revenir à Orsay d'où ma famille est originaire et dont une rue porte le nom de mon père, qui y fut médecin. Je voulais un jardin pour pouvoir plus tard me plonger les mains

dans la terre. C'est nécessaire à mon équilibre. Mais surtout, j'ai très tôt pris conscience que mon temps d'activité professionnelle touchait à sa fin. Je voulais absolument trouver une occupation riche et motivante. Je suis allée à la rencontre d'une des listes se présentant aux élections municipales en 2001 pour proposer mon aide et ma participation. La liste a été élue et je fus nommée conseiller délégué aux Relations culturelles. Mon objectif est de permettre aux habitants de la commune d'être plus fréquemment au contact d'initiatives culturelles, d'organiser des lieux de rencontres et de débats. Ce sont des projets lourds mais passionnants qui vont largement contribuer à occuper mon temps libre. Mais j'entends aussi garder du temps pour moi, pour flâner sans contrainte de rendez-vous à honorer, pour visiter un musée sur un coup de tête. Et puis pour m'occuper de mes roses ».

Guy Sanglier, l'associatif. Gérant de « La Revue du Trésor », cet ancien haut fonctionnaire porte avec élégance ses 74 printemps. D'aspect frêle, il donne l'image d'un tout juste sexagénaire et reste perpétuellement en éveil intellectuel.

« Je consacre trois demi-journées par semaine à la revue, sans compter les affaires que je traite à mon domicile. Cette activité me donne l'opportunité de sortir du cadre limité de ma banlieue et donc de profiter à ma convenance des multiples centres d'intérêt de Paris. Cette façon de s'extraire du quotidien du foyer est aussi un facteur d'équilibre lorsqu'on a été habitué durant toute sa vie professionnelle à une autonomie qui s'est trouvée bouleversée par le passage à la retraite.
L'équipe d'animation de la revue compte sept retraités sur une douzaine de membres. Certes, leur capacité de contact est plus réduite que celle des actifs, en revanche, la revue profite largement de leur expérience et de leur disponibilité de temps. »

Jacqueline Beytout, l'influente. Elle reste la seule femme à avoir dirigé un quotidien. Durant 28 ans, comme présidente des « Echos », elle fut au cœur de l'actualité économique. Sans se préoccuper de son âge, cette femme à l'humour ravageur et à l'intelligence vive conserve une activité soutenue multipliant les rencontres et les initiatives. Jacqueline Beytout se préoccupe en particulier d'actions pragmatiques pour soigner les malades du sida en particulier au Burkina-Fasso.

« Il y a des jeunes, des adultes et des vieux et aucun ne mérite une attention particulière par rapport aux autres. Chacun peut réaliser sa vie de façon positive dès lors qu'il bénéficie d'une santé suffisante. Je ne me sens pas vieille, car je ne me suis jamais intéressée à moi, ni ne me suis sentie jeune. J'ai eu une vie formidable, très active et je ne vois pas au nom de quoi, je devrais aujourd'hui changer. Tant, que je serai en bonne santé, je resterai curieuse de tout et je poursuivrai des projets et des actions que j'estime nécessaires. *Tant que je resterai debout, je vivrai comme j'ai vécu depuis toujours en voyageant beaucoup, en dialoguant énormément et en cherchant à faire avancer les projets qui me tiennent à cœur.*

Si je réserve mes soirées pour ma famille, qui est essentielle à mes yeux, mes journées sont totalement remplies par des rendez-vous, des échanges téléphoniques, des discussions... J'ai la chance d'avoir rencontré de nombreuses personnes et d'être allée dans de nombreux pays, aussi je peux plus facilement que d'autres tenter de mobiliser autour d'actions nécessaires même si elles ne sont jamais suffisantes.

Je suis mobilisée par l'action et non par l'âge qui avance. Il est évident que les années et les expériences que j'ai connues se sont imprimées dans mon inconscient, mais je n'y pense jamais. Ce qui m'intéresse, c'est l'avenir : celui du bassin méditerranéen, les questions liées au sida, ou encore les conséquences de la disparition prévisible du travail. De ce point de vue d'ailleurs, je crois qu'il serait nécessaire de réfléchir à un système où chacun dispose

d'un revenu minimum et soit responsable pour l'accroître.
Je refuse aussi la sacralisation de la mort. Je crois que chacun devrait pouvoir choisir le moment de sa mort. C'est ainsi que l'on peut vivre libre. Ce qui importe ce ne sont pas les rides, les marques de la vieillesse, mais de conserver un cœur et une âme jeune.
Ce qui me maintient en vie provient aussi du fait que j'ai la chance d'être aimée de ma famille. Trop souvent, on fait semblant d'aimer les gens âgés. Savez-vous qu'aux Etats-Unis, il y a des organisations qui écrivent des lettres aux vieilles personnes qui n'ont personne. Pour moi c'est l'horreur ».

CHAPITRE 6

Un nouveau regard sur les seniors

Les seniors d'aujourd'hui ne ressemblent décidément pas aux personnes âgées d'hier. Pour comprendre la réalité de la « seniorité » il faut se garder d'une mentalité d'employé à l'Etat civil. Les seniors sont différents parce qu'ils vivent des situations contrastées. Les repères traditionnels sont brouillés : le rapport à la séduction, au corps ou à l'image s'est transformé. Le lien familial a pris des formes polymorphes. Qui parfois, par un étonnant pied de nez de l'histoire revalorise une figure passée de mode, comme celle du grand-père.

Il en va des seniors comme des autres générations : certains sont paisibles, d'autres énergiques. Certains sont dépassés, d'autre en avance sur leur temps. Bref, l'âge n'est plus le facteur explicatif dominant. Dommage pour ceux qui n'ont pas compris cette mutation.

Forme, séduction : la fin du jeunisme

L'époque ne nous renvoie qu'une seule image : des corps jeunes sans âmes, sans histoires, sans futurs. Les corps body-buildés forment l'alternative aux silhouettes anorexiques qui depuis une éternité sont élevées, par l'imagerie publicitaire et les faiseurs de mode, au rang d'horizon indépassable de l'esthétique et du genre humain. Ces deux lignes de fuite sont aussi mortifères l'une que l'autre parce que résolument a-naturelles.

Et quoi, les visages dociles et impersonnels sont-ils vraiment plus séduisants que ceux sur lesquels apparaissent les cicatrices de la vie ? Marc-Olivier Fogiel est-il réellement plus séduisant que Robert Redford ? Les « héroïnes » du Loft sont-elles réellement plus attirantes que Nathalie Baye ou Jane Fonda ? Pierre Arditi serait-il sans charme et Claudia Cardinal manquerait-elle de séduction ? Et qui de Lara Fabian ou Juliette Greco fera encore parler d'elle dans cinquante ans ?

Notre visage est notre vitrine. Mais pourquoi faudrait-il qu'elles soient toutes sur le même modèle, rangé et sans surprise ? Les marques de la vie donnent de l'histoire à un visage. Elles créent l'émotion, c'est-à-dire le charme et l'attirance. Certes, il est impossible de garder un visage aussi lisse à 50 ans qu'à 25, mais est-ce seulement souhaitable ? Rien de pire que ces momies aux visages statufiés par un excès de liftings. Les progrès de la médecine et l'habitude de prendre soin de soi ont transformé le visage et le corps des hommes comme des femmes, mais il ne s'agit pas de nier l'âge qu'on a simplement de l'accompagner, de l'amadouer, d'en retirer le meilleur.

Car le charme n'a pas de limite chronologique. Et l'élégance peut s'apprendre. Aujourd'hui, ils et elles sont de plus en plus nombreux à conserver une puissance d'émotion et de séduction au-delà de 70 ans. Chacun connaît des êtres bien plus séduisants dans la plénitude et l'équilibre de leur 50 ans que dans leur période boutonneuse ou conquérante de leur 20 ans. Un corps mature, entretenu et ferme a bien plus de séduction qu'un autre adolescent, maigre ou trop flasque. « *Elle ne fait pas son âge* » : une formule devenue banale tant elle s'applique à quantités de personnes.

Les magazines féminins ne s'y sont pas trompé qui, enfin, parlent de beauté et de séduction aux plus de... 45 ans.

Ainsi « Marie-Claire » proposait, en novembre 2001, un sujet intitulé « Plus belles à 45 ans qu'à 25 ! » Témoignages et photos montraient combien le sentiment de plénitude et l'accord avec soi rendaient ces femmes fortes et attirantes. À la même période, « Atmosphère », autre magazine féminin, titrait un article « Vieillir... on a le temps ». Là aussi, le témoignage d'anonymes et de personnalités montrait qu'il n'y a pas de fatalité de l'âge. Qu'il y a une vie de séduction et de plaisir même pour la ménagère de plus de 50 ans. La comédienne quadra, Valérie Mairesse, témoignait d'ailleurs que l'angoisse avait fait place à la sérénité : « *Quel soulagement de ne plus être considérée comme une proie* ». Elle poursuivait en assurant qu'elle se sentait bien mieux aujourd'hui qu'à 20 ans.

Le premier signe de vieillissement physique apparaît sur la peau. Or, ce vieillissement cutané n'est pas la résultante de l'âge, mais provient d'abord du mode de vie, (tabagisme, exposition au soleil, stress, absence d'activité physique...). En clair, on prépare son aspect physique trente ans à l'avance. On peut devenir vieux très jeune.

Des gains de « bonne vie »

La pratique d'une activité physique, l'amélioration des régimes alimentaires, les progrès foudroyants de la cosmétique, la qualité des soins et la diminution de la pénibilité du travail ont transformé les corps et les visages. Une femme de 60 ans d'aujourd'hui ne paraît-elle pas plus jeune qu'une trentenaire au début du XXe siècle ? Il ne s'agit pas de refuser l'âge qui avance et de multiplier les tentatives désespérées et ridicules pour cacher le poids des ans, à travers la multiplication des interventions chirurgicales, la pratique inconsidérée du sport et le recours à des substances douteuses ; mais bien de signifier qu'il n'y a pas une pensée unique de la séduction. La beauté est multiple, le charme

est polymorphe et l'attirance recouvre une multitude de raisons. La dictature d'un modèle physique standard ne se fonde que sur une lutte sans merci contre l'imagination et la pluralité.
Si les seniors sont de plus en plus beaux, ils sont surtout toujours en meilleure forme. On oublie souvent de dire que les gains d'espérance de vie sont des gains de bonne vie. Vivre plus longtemps et surtout vivre en bonne forme. L'objectif des plus de 50 ans n'est pas de rivaliser avec des athlètes de 20 ans – même si parfois ils y arrivent – mais simplement de conserver un maximum de capacités à embrasser la vie, à garder le désir de découvrir, de surprendre et d'être surpris. Ce qui importe ce n'est pas la performance, la force et la concurrence sans limites, mais bien de faire fructifier son énergie, son plaisir et sa densité personnelle. L'activité physique participe du plaisir de vivre comme la bonne chère, la curiosité devant la nouveauté, le goût d'apprendre, l'amour et l'amitié. Il n'y a pas une norme comportementale du senior politiquement correct.

Il ne s'agit pas non plus de s'économiser pour battre des records de longévité inutile, mais de profiter intensément, le plus longtemps et le mieux possible de ce passage sur terre qui reste éphémère et certainement sans possibilité de rattrapage. Vivre, bien vivre, consiste à trouver le meilleur compromis possible avec soi-même. Il n'y a pas – ou plus exactement il ne devrait pas y avoir – de norme qui fixe un comportement en fonction d'un âge. Le discours publicitaire, qui n'est que la traduction imagée et parfois talentueuse de l'opinion majoritaire, oppose la jeunesse à la vieillesse, c'est-à-dire l'espoir, l'avenir et la volonté, face au déclin, au renoncement et à la défaite. Point de salut hors de ces deux figures manichéennes ! Et pourtant la vie est certainement plus complexe, plus riche et plus saccadée que cela.

Ainsi de l'amour, cette vertu cardinale de la modernité, qui ne pourrait être associé qu'à des êtres jeunes et beaux. Et pourtant, l'amour, le désir, le goût du partage n'ont jamais autant transcendé les âges. On peut aimer à 50 ans, on peut désirer à 70 ans, on peut convoler à 85 ans. Certes, les paroles évoluent mais la musique est aussi douce. Même si son rythme tend à ralentir, ce n'est pas pour autant que la danse est moins riche d'émotion.
Si longtemps le paradigme petit-bourgeois magnifiait pour l'homme « l'échange d'une femme de 50 ans contre deux de 25 », aujourd'hui ce machisme est battu en brèche. Il n'est pas rare de voir des quinquas en concurrence avec des trentenaires pour obtenir l'attention d'une femme qu'auparavant ils auraient ignorée en raison de son âge. « *L'amour vous tombe dessus sans préoccupation de l'état civil* », résume Danièle, pétulante Bordelaise de 56 ans, passionnée de tauromachie et dirigeante d'une agence de communication.
Car ici aussi les repères sautent et changent ! Plus rien n'est acquis... à l'homme. Le mouvement des « cinquantièmes jubilantes » mené par Macha Méril se fait ainsi un plaisir de prôner, sur le ton joyeux de la provocation, le droit des femmes à choisir des amants et des compagnons respirant la plus parfaite jeunesse[1]. La diffusion, au début de 2002, dans les salles de cinéma du film de Josée Dayan, « Cet amour-là » qui revient sur les amours de Marguerite Duras avec Yann Andréas est tout aussi symptomatique de ce changement de repères. Une phrase à retenir : *« J'ai l'impression de vivre avec un retraité »,* assénée par une Jeanne Moreau, fabuleuse sexagénaire, à son amant a belle valeur de paradoxe.

Rude concurrence donc pour les seniors. Et remise en cause en perspective. C'est aussi pour cette raison que les hommes de 50, 65 ou même 80 ans n'hésitent plus à investir dans

1. « L'Officiel », novembre 2000.

l'habillement et dans le maintien de leur forme. La principale limite provient du monde de la mode et de l'habillement qui, lui aussi souvent en retard d'une guerre, en est encore à chercher par tous les moyens à « faire jeune ». Sans comprendre que tenir compte du désir des seniors pour l'élégance passe principalement par l'ajustement de coupes à des formes un peu plus larges et non par la création de gammes de vêtements uniquement portables par des notables de la IIIe République ou par des rombières piliers de salons de thé.

Là aussi, s'esquisse cependant un début de changement. Ainsi faut-il remarquer le choix pionnier de Yohji Yamamoto de faire défiler depuis 1993 le superbe senior Adama Kouyaté qui, aujourd'hui, a dépassé allègrement les 65 ans. A sa suite, les podiums à Paris ou à Milan voient de plus en plus le défilé de sexagénaires ou même septuagénaires aussi beaux qu'anonymes, comme ceux de la collection 2001 d'Issey Miyake, ou de mannequins célèbres comme Bill Constantine, 66 ans, pour la collection hiver 2001-2002 de Vivienne Westwood.

Si les seniors tiennent la forme, ce n'est pas nécessairement pour battre des records, pratiquer la chute opérationnelle en parachute ou s'aligner sur le Marathon des sables (quoique des exemples existent, un grand-père ayant fait l'épreuve aux côtés de son petit-fils) mais simplement pour profiter à plein de la vie et se faire plaisir. Des activités physiques, auparavant réservées aux jeunes, sont pratiquées, parfois avec excès, par des seniors en super-forme, qu'il s'agissent du parapente ou de trecking en Himalaya. Les repères changent. Ainsi la thalassothérapie n'est plus une activité pour rhumatisant mais bien un moment d'intense activité et de maintien en forme pour les seniors. Ce qui a obligé les établissements spécialisés à revoir leur offre pour des programmes plus toniques !

Paradoxalement, les seniors plus âgés sont demandeurs

d'activités bien plus soutenues que les quinquagénaires qui ne recherchent dans la thalasso qu'un moyen de recharger « les accus », broyés par le stress, l'ambition et l'absence de diététique de vie et qui tentent éperdument de « rester compétitifs ». Quelle est loin de la réalité, l'image du « sexa » qui le montre seulement comme une personne âgée condamnée à s'économiser sur un fauteuil en regardant la télévision. Mais qu'ils sont loin aussi tous ces programmateurs de télévision et ces publicitaires dans leur capacité à percevoir cette mutation.

Nouvelles familles, nouveaux repères

Les seniors d'aujourd'hui prennent de l'âge dans une configuration sociale transformée. Ils ont vécu ce changement essentiel qui fut celui du travail généralisé et souvent choisi, des femmes. Ils ont aussi assisté, voire subi l'explosion de la figure traditionnelle de la famille. En seulement deux générations, le modèle marital central est passé du CDI au CDD, du mariage à durée illimitée à celui d'une union à temps variable. Il n'y a plus de norme unique mais des situations évolutives, mixtes et à géométrie multiple. La famille peut être traditionnelle, décomposée, recomposée ou même un mixte de tout cela.

Dans cette nouvelle donne, quelle est la place du senior ? Il peut être aussi bien grand-parent que parent, grand-parent et parent, ou encore enfant et grand-parent tout en étant parent d'enfants adultes, d'adolescents et même parfois d'enfants... Il n'y a plus aucune école normative. Notre senior peut avoir choisi de vivre en Pacs avec un compagnon ou une compagne du même sexe, tout en assurant sa mission de grand-parent. D'autres se retrouvent à être le point fixe d'une série de petits-enfants dont certains n'ont pas de liens de sang.

Le rapport aux enfants est un marqueur central du positionnement du senior : deux seniors de 60 ans peuvent vivre et se projeter dans deux réalités fort différentes selon que leurs enfants sont de jeunes adultes autonomes ou qu'ils ont encore 5, 10 ou 15 ans. L'avenir, les stratégies d'épargne et de consommation se construisent différemment selon l'âge de l'enfant le plus jeune. « *J'ai toujours été étonné de la différence dans le rapport à la retraite entre les Américains et les Français : chez nous, la retraite est un statut, aux États-Unis, le calcul se fait en fonction de l'âge de l'enfant le plus jeune* », remarque Jean-Jacques Monge, un cadre dirigeant ayant longuement exercé aux Etats-Unis.
Les générations se juxtaposent, se mêlent et s'emmêlent. Il peut y avoir jusqu'à six générations différentes en cohabitation. Mais les grands-parents sont encore souvent le lien essentiel entre les générations, les passeurs de tradition et de mémoire. Désormais ce sont des passeurs choisis et non imposés. Certes, la figure traditionnelle de la grand-mère nounou pour qui la garde des petits-enfants est une des activités majeures est encore très présente. Au grand plaisir des parents, qui y gagnent en confort de vie, et des petits-enfants, dont le besoin d'une relation privilégiée et sécurisante, est essentiel. Mais même cette figure tutélaire, qui doit composer avec la réalité du parcours des enfants, entend conserver en parallèle d'autres activités. « *Depuis que je suis en retraite, je suis une bonne cliente de la SNCF car il m'arrive de partir de Toulouse pour 2-3 jours afin de garder à Paris, les enfants de ma fille, dont deux du premier mariage de son mari, mais ayant des engagements à la chorale, je reste rarement plus longtemps* », s'amuse Christine.

La figure du grand-père s'est modernisée, mais le ressort social est intact : c'est le lien transgénérationnel. En outre, les grands-parents apparaissent d'autant plus comme des valeurs refuges que les parents jouent à contre-emploi. À trop vouloir mimer les mots et la culture du jeunisme à travers la posture « copain-copine » avec leurs enfants, les parents risquent de ne plus leur servir de boussole, de ne plus leur proposer un cadre pour s'opposer et donc se construire.

Par ailleurs, les seniors ayant vécu une réalité relativement proche de celle de leurs petits-enfants, par exemple quand aucune des deux générations n'a connu la guerre, et bénéficiant d'une énergie jusque-là inconnue, ils sont d'autant plus aptes à comprendre et à communiquer avec eux.

Favoriser la relation entre générations

On devient grand-mère de plus en plus jeune : à 49,9 ans en moyenne. A ce moment, celle-ci est en pleine forme, souvent encore active professionnellement et conserve, dans 70 % des cas au moins, encore un parent ou un grand-parent en vie. Il y a aujourd'hui 12,6 millions de grands-parents dont 7 millions de femmes. Si la tradition est encore forte avec les « seniors traditionnels », de plus en plus souvent ces femmes et ces hommes n'entendent pas abdiquer leur autonomie au prétexte de l'arrivée de petits-enfants. Beaucoup trouvent plus agréable d'être grand-mère que mère car elles ont une relation sans rapport de force et sans devoir vis-à-vis de leurs petits-enfants. « *Lorsque ma première petite-fille est arrivée, j'ai prévenu mon fils que j'en avais assez bavé à l'élever pour ne pas devenir une seconde maman, aussi je joue mon rôle avec plaisir mais à mes conditions c'est-à-dire sans remettre en cause ni nos deux voyages annuels, ni mes activités associatives, ni les séances de yoga et d'aqua-stretching* », résume Marie-Claire, une Lorientaise qui, à 67 ans, paraît plus débordée que ses cadettes affichant 20 ans ou 30 ans de moins.

A contrario, il y aussi des seniors en manque de petits-enfants, et des petits-enfants qui ne bénéficient pas de la chaleur d'un grand-parent. Les initiatives se multiplient depuis quelques années pour recréer un lien entre ces deux mondes nécessaires l'un à l'autre. Ainsi depuis 1998, l'association « Grands parrains » s'est donné pour but de trouver des grands-parents de « cœur » aux enfants et jeunes adolescents qui souffrent de ne pas en avoir (pour cause de décès, d'éloignement géographique ou sentimental). Le « Grand parrain » ne remplace pas à 100 % le lien manquant mais il peut assumer une référence équivalente dans la relation pratique et humaine à l'enfant. Inversement cette relation satisfait aussi le désir inassouvi de « grand-parentalité » de nombreux seniors. Plus de 500 « grand parrains » bénévoles œuvrent aujourd'hui ; il en faudrait cependant cinq fois plus pour répondre à la demande.

De la même façon, les acteurs sociaux ont pris conscience de l'importance du lien intergénérationnel et de la pacification que peut apporter la présence de gens âgés dans un univers de frictions. De plus en plus, à l'image de Saint-Maur, de nombreuses villes et organismes chargés de créer des résidences d'accueil choisissent de privilégier le mélange entre personnes de grand âge et très jeunes enfants. Les premiers retrouvent le goût de la relation à l'autre, les seconds apprennent sans inhibitions la diversité du monde. Idem dans le logement collectif où plusieurs initiatives de ce genre ont été prises. Souvent quelques améliorations (élargissement des encadrements de portes, pose d'une rampe dans les toilettes...) suffisent à rendre le quotidien vivable. Et le maintien d'une population âgée dans ce type de lieu favorise la compréhension entre les générations, la diminution de la violence latente et permet d'huiler les rouages du quotidien à travers des échanges de services entre les différents habitants.

On voit par là combien un ministère des personnes âgées ne répond plus au monde d'aujourd'hui. Ce qui importe c'est de favoriser la relation intergénérationnelle, de briser

les frontières entre les âges. De la même façon, qu'il apparaît totalement réducteur de toujours accoler « jeunesse et sport » dans les intitulés, il serait bon mettre en œuvre un ministère de tous les âges.
Le chamboulement des repères touche aussi la relation de couple. La vie des seniors n'est plus « un long fleuve tranquille ». La prise de la retraite est parfois un réel traumatisme dans un couple où chacun doit retrouver ses marques. Les cas sont multiples d'hommes qui cherchent à réinvestir le champ domestique pour occuper leur temps libre entrant ainsi en concurrence avec leur compagne. Il faut dire que ce sont eux qui supportent le moins bien ce passage à la retraite, car leur statut social disparaît et avec lui ses repères. Les femmes par condition culturelle ont toujours été amenées à fonctionner sur plusieurs registres. Elles sont donc moins déboussolées quand sonne l'heure de la retraite. Mais il n'est pas facile de s'inventer un autre quotidien. Et là aussi ce sont ceux qui ont anticipé le plus tôt la suite de leur vie qui sauront le mieux s'adapter. Le pluri-actif, l'associatif ou le syndicaliste, celui qui a maintenu sa curiosité en éveil durant toute sa vie professionnelle saura mieux que d'autres donner de l'énergie à sa retraite.
La relation conjugale peut elle aussi entrer dans une période de forte turbulence quand vient la retraite. Les divorces de sexa ou septuagénaires ne font plus figures d'exception. Comme d'ailleurs, les remariages ou les unions. Si la vie continue bien après 50 ans, le désir, l'amour et la passion n'en sont par essence aucunement exclus. La nouvelle donne humaine et sociale ouverte par la période de la retraite interroge les deux membres du couple et nécessite des ajustements qui peuvent se conclure par le renouvellement du bail, sur des bases différentes, ou par sa résiliation. En dehors du passage à la retraite, c'est le départ des enfants du foyer qui libère aussi certains, et surtout certaines, des liens du mariage.

La fin des normes

Ces bouleversements récents ne sont pas toujours indolores : ils laissent de nombreux seniors, quel que soit leur âge, dans le dénuement et la solitude. La distanciation des liens, la mobilité de la structure familiale entraînent un surcroît de solitude. L'explosion de la représentation du couple comme norme a aussi pour conséquence de laisser des hommes, et surtout des femmes, sur le carreau. Sans compter qu'il subsiste des poches de misère. La pauvreté n'a pas disparu du fait de la croissance du revenu moyen des seniors.

Mais la révolution des repères entraîne également des effets surprenants. Ainsi, succès du Viagra aidant – dont l'âge moyen d'utilisation est de 57 ans – une partie des seniors développe des comportements sociaux et sexuels imprévus, fort éloignés des images d'Épinal. Ainsi, le site Internet « Seniorscopie » a dévoilé qu'aux États-Unis, le taux de séropositivité des plus de 50 ans augmente deux fois plus vite que celui des autres générations ; alors qu'en Grande-Bretagne, depuis 1995, le taux des maladies sexuellement transmissibles a augmenté de 55 % en moyenne, il a cru de plus de 300 % chez les 65 ans et plus. La longévité, la multiplication des divorces, l'amélioration de la forme et de l'attractivité physique ne peuvent pas entraîner que des effets bénéfiques. Tout processus humain produit des phénomènes multiples et contradictoires. Selon Clotaire Rapaille, ce senior improbable qui est à l'origine du concept de la PT Cruizer, « *les seniors n'ont jamais été visés par les campagnes de prévention et considèrent pour une bonne part d'entre eux qu'ils doivent profiter de la vie tout de suite sans s'embarrasser de leur avenir et de celui des autres* ». Ainsi lorsque la culture du jeunisme s'étend à toute la société, elle peut aussi entraîner des troubles et des difficultés de positionnement des différentes générations entre elles. La fin du jeunisme devra

contribuer à redéfinir les rôles dans une approche de respect mutuel.
De la même façon, tout indique que les comportements marginaux vont s'accroître de la part des seniors comme cela est déjà apparu de l'autre côté de l'Atlantique. Poussés par des considérations économiques, ou par l'ennui, les gens âgés vont multiplier les opérations délictueuses : du détournement de fonds au braquage. Les seniors, profitant à la fois de la confiance qu'ils inspirent et des compétences acquises, seront dans les années à venir de plus en plus abonnés à la colonne faits divers des médias...

L'aventure, la création à tout âge

Pour en revenir à des considérations plus positives, s'il est nécessaire de changer le regard porté sur les seniors, c'est aussi en raison du nouveau rôle qu'ils arrachent à force de talent, de travail et de désir. Il faut vraiment avoir des œillères pour ne pas déceler que cette population conjugue la modernité au futur. Ainsi du rapport des seniors à Internet. Non que le « réseau des réseaux » soit l'aune de la capacité d'adaptation de l'individu à la modernité, mais simplement en raison de l'aspect totémique pris par ce support de communication au cours de la période récente.
Ainsi, une étude de Net Value publiée en 2000 faisait valoir que 15,8 % des seniors se connectaient en France sur le Net. Une proportion supérieure à celle des Allemands (14,5 %) et inférieure à celle des Britanniques (20 %). Surtout, les seniors internautes se distinguent par une fréquentation supérieure de l'outil (12 jours par mois, contre 9,9 pour l'ensemble des internautes). De même, les seniors restent plus longuement que les autres sur le Net. Il se dégage de cette étude que, logiquement, les seniors prennent le temps d'explorer le réseau, avec chez les hommes (comme pour les autres générations) une attention particulière pour

les sites de « charme ». Même s'ils s'attachent d'abord à leurs centres d'intérêt (généalogie, finance...) et à la recherche d'une nouvelle expression du lien social à travers les forums et l'utilisation du mail. Si le senior estime que le Net a une utilité pour lui, rien ne lui interdit, au plan psychologique ou intellectuel, d'utiliser ce nouveau moyen de communication.

L'image accolée au Net explique aussi le désir de certaines personnes, y compris très âgées, de le découvrir et de l'utiliser. Le succès de l'opération initiée par la RATP des « Jeudis de la découverte » où depuis 1998, des centaines de seniors ont pu s'initier au Web, est la marque de l'appétit des seniors pour les signes de la modernité.

Plus largement, les seniors sont des candidats enthousiastes à la création. Le capital culturel et la curiosité naturelle sont des facteurs explicatifs bien plus forts que l'âge pour discriminer les attitudes vis-à-vis de l'innovation et de la création. Il suffit pour s'en convaincre de prendre le temps de regarder le monde comme il va. Écoutez des chanteurs comme Henri Salvador, qui a retrouvé le succès et la faveur de toutes les générations à 82 ans, Charles Aznavour et Brigitte Fontaine ou encore Cheikha Rimitti qui, à 78 ans, revisite toujours le raï, sans oublier Compay Segundo, 94 ans au compteur. Sont-ils des petits vieux sans avenir ? Cette jouvence créative ne se limite pas à la musique et à la chanson. Il faudrait une sacrée dose de mauvaise foi pour considérer que les derniers albums de photos du nonagénaire Willy Ronis sentent le troisième âge ! Côté cinéma, personne ne peut contester que, ces dernières années, de Manoel de Oliveira, 90 ans, à Claude Lanzmann, 74 ans, en passant par Jeanne Moreau, l'actrice des actrices, les seniors ont joué un rôle décisif.

De la même façon, combien d'écrivains, de philosophes ou d'artistes continuent de construire une œuvre et de susciter le débat bien au-delà de l'âge officiel de la retraite ? Il n'est

que de penser à un Albert Jacquard, à un René Girard, ou encore à un Edgar Morin. Tous trois frisent ou dépassent les 80 ans et conservent la même capacité d'indignation, la même intelligence des choses, le même désir de comprendre et de faire comprendre.
Après Geneviève De Gaulle-Anthonioz, Hélène Cixous ou Germaine Tillon poursuivent chacune une œuvre abondante et utile, un combat contre l'indifférence et la bêtise. Qui pourrait dire qu'elles ne tiennent pas leur rang, qu'elles n'apportent pas quelque chose d'essentiel aux autres ? L'âge ne fait rien à l'affaire, si le talent est là, si le désir et l'envie existent toujours, chacun peut continuer d'ajouter sa petite musique au concert social.

Ils ignorent la préretraite

Imagine-t-on un John Le Carré en préretraite, alors qu'à 69 ans il publiait l'un de ses meilleurs livres, « La Constance du jardinier » ? Faut-il interdire à Woody Allen, sous prétexte qu'il atteint 66 ans, de faire des films et à René Urtreguer ou Dave Brubeck, largement éligibles à la carte senior, de continuer à se produire dans les boîtes de jazz ? Maurice Rheims, écrivain et critique d'art, Henri Vernes, l'auteur légendaire de Bob Morane ou Jean Yann, chef d'entreprise, homme de radio et écrivain, doivent-ils déserter le front de l'actualité parce que le premier a largement dépassé les 90 ans, le second les 82 printemps, et que le troisième tutoie les 70 ans ? Quel convive de Paul Bocuse pourrait, au sortir d'un repas concocté par le maître, penser qu'il n'y a plus d'avenir après 75 ans ?
Bernard Kouchner, allègre sexagénaire au charisme toujours aussi iconoclaste, doit-il se préoccuper en priorité de réserver une place en maison de retraite où l'attendrait déjà Jacques Séguela, qui pourtant à 68 ans continue de donner des leçons de création publicitaire à des créatifs post-pubè-

res ? Savent-ils, les jeunes snobinards qui se pressent depuis la fin 2001 au Pershing Hôtel à Paris, que le design révolutionnaire du lieu doit tout à Andrée Putmann, fringante septuagénaire à la curiosité jamais démentie ?
La liste serait sans fin de ces personnalités, consacrées ou inconnues, qui jusqu'au dernier jour rêvent, créent et vivent. Leur secret est tout simple : ils ne savent pas que la préretraite existe ! Chaque exemple de ce type apporte la preuve de l'inanité des discours sur l'incapacité des plus de 50 ans à s'adapter à la nouvelle donne et sur l'inadéquation du senior à comprendre son siècle. C'est peut-être un magnifique sexagénaire qui aura donné ces dernières années la meilleure leçon à tous ceux qui font de l'âge la ligne Maginot du marketing : dans « Space Cowboys », Clint Eastwood rendait hommage avec entrain et ironie aux vétérans de l'aventure spatiale. Faut-il rappeler que John Glenn était retourné à 77 ans dans l'espace ?
Tant qu'un être est capable de désirs et de projets, tant qu'il se projette dans le futur, il se tient à distance du déclin. À 40 ans, certains sont déjà des individus sans futur, vieux dans leur tête. D'autres, alors qu'ils sont deux fois plus âgés, restent en état de curiosité et conservent cette jouvence insolente que l'on appelle la capacité d'étonnement.

Francis Balle : des seniors high-tech. Professeur à Paris II, où il dirige le DESS Multimédias, ancien membre du CSA, co-auteur du « Dictionnaire du Web », Francis Balle est l'un des principaux spécialistes de l'évolution des médias et de l'analyse des comportements sociaux face au développement des nouvelles technologies. Il est l'auteur du célèbre manuel « Médias et Société ».

Selon vous, les seniors sont-ils par nature des exclus de la révolution technologique ?

Certainement pas. Les seniors, retraités et préretraités bien au contraire se caractérisent souvent par une approche patiente et modeste des nouvelles technologies. Ils ont du temps à consacrer à l'apprentissage des nouveaux modes de communication et ils ont des besoins spécifiques, en particulier la communication via e-mail. Aussi, loin d'êtres réfractaires, ils sont le plus souvent curieux et désireux de comprendre. Mais ils ont aussi intériorisé je ne sais quel complexe d'infériorité qui les rend très prudents.
L'expérience menée par la RATP à Paris a surpris même ses plus fervents initiateurs par son succès. Cela prouve la permanence d'un désir et d'une volonté de comprendre et de maîtriser l'outil Internet.

En quoi, l'approche des seniors devant la nouveauté se démarque-t-elle de leurs cadets ?

La nouveauté constitue toujours une menace pour ceux qui sont en pleine maturité : elle remet en question un statut de compétence et oblige à se remettre en question alors même que le temps manque et que la compétition est à son paroxysme. C'est une contrainte supplémentaire et un risque de fragilisation face aux générations plus jeunes.
À l'inverse les seniors n'ont rien à perdre, ni statut, ni emploi. Aussi abordent-ils les nouvelles technologies sous l'angle du désir et de l'usage social. Ainsi, ils abordent d'abord Internet à travers les possibilités offertes par la messagerie électronique avant de s'aventurer dans d'autres univers. Par ailleurs, ils disposent du temps nécessaire pour construire progressivement leur stratégie d'apprentissage. A la différence de toutes les autres générations, les seniors commencent par étudier très précisément les modes d'emploi avant d'aborder un nouvel objet, une nouvelle technique. Ce passage est nécessaire pour prendre la mesure du phénomène et pour réduire leur angoisse de ne pas être à la hauteur. Ensuite, ils avancent très progressivement, selon leur rythme propre,

pour découvrir toutes les faces, toutes les possibilités offertes.

Y a-t-il une utilisation différente d'une nouvelle technologie de la communication selon les générations ?

Pour les seniors ce qui est primordial ce sont les usages sociaux pouvant se réaliser à travers un nouveau support de communication. Mais ils ont aussi le désir de maîtriser une nouvelle technologie. En quelque sorte, ils entendent relever un défi sans être dupe de l'utilité finale de ce type de support. En fait, les seniors sont certainement ceux qui maximisent le plus le champ des possibles d'une nouvelle technologie. Contrairement à leurs cadets qui souvent n'abordent que 10 % du potentiel d'un outil aussi complexe et riche que le réseau Internet, les seniors vont au fond des choses. Parce qu'ils ont le temps et aussi le désir de comprendre et d'approfondir.
D'une certaine façon, les seniors réagissent souvent devant la nouveauté par une humilité trop importante mais celle-ci les conduit à bien mieux apprivoiser l'outil que d'autres générations trop pressées d'arriver à un résultat pour approfondir. Il n'y a donc aucun déterminisme qui exclurait les plus âgés de l'innovation technologique pourvu que des usages sociaux soient possibles et utiles

Abel Willart, l'hédoniste. Une gueule de vieux loup de mer, les yeux qui brillent de bonheur et le rire accroché presque en permanence aux lèvres, Abel Willart est à 65 ans l'antithèse du senior passif et en retrait. Il est à lui seul un pied de nez permanent aux poncifs à la peau dure qui voient en chaque plus de 50 ans un individu en sursis.

« À 59 ans, j'ai été licencié de mon entreprise où depuis quinze ans j'étais responsable des achats. Je crois que je n'étais pas mauvais car je connaissais bien le métier et

les différents fournisseurs. J'aurais bien continué mais... Depuis cinq ans, en tant que skippeur, j'ai fait beaucoup de bateau, aux Antilles, en Corse, en Méditerranée. C'est une façon fabuleuse de voir du pays, d'avoir des sensations et de rencontrer des gens. De toute façon, j'adore la vitesse, la dépense physique et les nouvelles sensations.

J'ai découvert les rollers, il y a deux ans à Los Angeles, c'est vraiment génial. J'ai aussi fait récemment mon premier stage de parapente : fabuleux. On est seul dans les airs avec des paysages incroyables et un sentiment de liberté extraordinaire.

En fait j'adore la vie et j'ai tout le temps envie de découvrir d'autres choses et d'autres gens. C'est pour cela que je ne m'arrête pas souvent. On a toujours dit que j'avais la bougeotte. Ce n'est pas à la retraite que j'allais changer. Alors c'est vrai que je n'ai pas beaucoup de temps à consacrer aux petits-enfants. Si je suis disponible, je n'ai pas de problème pour m'en occuper mais la plupart du temps, c'est impossible.

Si le sport et les voyages me prennent beaucoup, je suis aussi vice-président de l'amicale des anciens de l'Ecole de micromécanique Jules Richard. Je m'occupe de récupérer de la taxe d'apprentissage et de monter une équipe pour la course à la voile de l'Edhec. C'est moi qui recrute et qui entraîne les coureurs. Je négocie aussi les prix pour le bateau et le reste. J'adore cela. Tout cela ne m'empêche pas de continuer à travailler car je représente en France, une société américaine qui fabrique des composants pour la micromécanique. Cela me permet aussi de voyager et de suivre l'évolution du secteur.

J'ai beaucoup d'activités, mais je fais tout par plaisir et dans la bonne humeur. Je n'ai pas besoin d'être triste pour être sérieux. Au contraire, j'ai lu que pour vivre longtemps, il fallait rigoler souvent. Et bien je ne m'en prive pas. »

Conclusion

Adieu jeunisme !

« L*e bonheur est une idée neuve en Europe* », disait Saint-Just. Le bonheur d'être un senior reste encore une idée incongrue dans notre vielle Europe. Quitter le jeunisme c'est choisir de changer de cadre de référence. Comprendre que contrairement à la culture du Far West, celui qui a raison, n'est pas nécessairement celui qui a dégainé le plus vite. Il faudra passer d'un éloge de la vitesse à un éloge de la vie.

La première performance n'est-elle pas de réussir sa vie, plutôt que de réussir dans la vie ? L'enjeu premier n'est-il pas de construire avec les autres, et d'abord avec ses proches, un parcours de vie ? Plus largement faire réussir une équipe, plutôt que son plan de carrière, faire progresser une entreprise à défaut de gagner des places dans la hiérarchie forment des indicateurs d'excellence au moins aussi pertinents que ceux traditionnellement utilisés. Or, le senior, parce qu'il est revenu de beaucoup de choses, et du fait qu'il a souvent gagné la capacité à prendre de la distance, est mieux à même que quiconque de jouer le collectif.

Ses autres atouts tiennent à son statut : en fin de carrière, il n'apparaît pas comme un concurrent pour les plus jeunes. Il est donc plus facilement accepté comme fédérateur ou comme leader, d'autant que son expérience de la vie éco-

nomique et des relations humaines peut s'avérer nécessaire par gros temps.
Le senior est un capitaine de route. Un vieux loup de mer qui saura aussi bien tenir un rôle de modérateur des ego que de fédérateur des énergies, et cela certes au sein de l'entreprise, mais aussi dans le monde associatif ou la vie locale. Par ailleurs, en tant que consommateur ou citoyen, il a plus que les autres la capacité à décoder le discours, à conserver une distance critique, à regarder le dessous des cartes.
Si les plus de 50 ans ont conservé intacts leurs rêves et leurs désirs, rien ne s'oppose à ce qu'ils vivent à 100 %. Jusqu'à 75 ans au moins, ils peuvent, généralement, bénéficier d'un triangle d'or magique : temps disponible, santé et revenus confortables.
Il importe de créer les conditions d'une nouvelle écologie sociale de l'intergénération. Face à la complexité croissante, il est temps d'en finir avec la culture de l'apartheid générationnel au profit de l'exercice de la complémentarité dialectique entre les générations. Prendre de l'âge ne s'apparente pas à la contraction d'une maladie honteuse. Au contraire c'est une opportunité extraordinaire de vivre plus intensément sa relation à soi et aux autres.
Finissons-en avec les idées reçues. Changeons les vieilles images sur les seniors pour un regard neuf. Il n'y a pas d'âge pour l'émotion, le désir et la curiosité. Il y a un futur à tout âge. Le vieux n'est pas toujours celui que l'on croit. Le risque du déclin et de renoncement nous vient plus des vieux jeunes que des jeunes vieux.

POUR ALLER PLUS LOIN

Douze propositions pour réussir la société de la maturité

• **Inscription du droit à la formation à tout âge dans la Constitution**
L'âge de la formation est le seul critère social pertinent pour mesurer le vieillissement d'une personne.

• **Création d'une assurance formation obligatoire au bénéfice des seniors**
Pour poursuivre une carrière motivante et pour sécuriser son attractivité professionnelle, il importe d'organiser à l'avance sa capacité à toujours se former.

• **Créer un statut du bénévole**
Permettre de donner une visibilité sociale à tous ceux qui poursuivent une activité associative.

• **Favoriser les possibilités de travailler après 65 ans**
Avant même toute mesure de rallongement de l'âge de prise de la retraite, chacun doit pouvoir décider s'il souhaite travailler plus longtemps.

• **Représentation des organisations de retraités dans les organismes paritaires ainsi qu'au Conseil économique et social**
Il paraît impossible et contre-productif de continuer à

maintenir à l'écart des instances de réflexion et d'échanges, 12 millions de retraités.

• **Instauration d'une représentation des retraités et des seniors dans les organes de contrôle des sociétés de transport, d'assurance et de santé**
Les seniors, consommateurs et utilisateurs de services, ont des besoins spécifiques, qu'il est nécessaire de prendre en compte.

• **Mise en place d'emplois seniors dans les écoles et initiation à l'« intergénérationalité »**
Ces seniors, anciens enseignants ou non, viendraient soutenir l'action des enseignants, accompagner le travail d'études des scolaires et donner des cours sur la réalité de la vie des seniors, en particulier des gens très âgés.

• **Soutien à la mise en place systématique dans les communes de plus de 10 000 habitants d'espaces seniors dans les crèches et garderies nouvelles**
Une façon de favoriser l'intergénérationalité et la meilleure prise en compte de l'autre.

• **Instauration d'un système d'impôt négatif pour les seniors engagés dans le mouvement caritatif ou associatif**
Il importe de réfléchir à une forme de statut pour le retraité qui mette en avant son rôle au service de la société et qui permette d'éviter que le bénévole se trouve à financer une partie de sa propre action.

• **Obligation pour les fonds de pensions de n'investir que dans des entreprises ne pratiquant pas l'éviction des seniors**
À l'heure des fonds éthiques, il apparaît cohérent de favoriser l'emploi des seniors à travers cette démarche.

• **Refonte des régimes spéciaux et harmonisation des systèmes de retraite publics et privés**
Nombreux sont les régimes dérogatoires qui n'ont plus grand sens aujourd'hui. Autre anomalie, pourquoi les salariés de la fonction publique ont-ils toujours le bénéfice de 37,5 années de cotisation quand ceux du privé sont progressivement astreints à cotiser 40 ans. Sauf cas spéciaux, on voit mal en quoi des professions qui par statut échappent aux accidents sociaux devraient continuer à être privilégiées.

• **Suppression du secrétariat d'Etat aux personnes âgées au profit d'un ministère de l'intergénération et de l'âge**
Il s'agit d'en finir avec une approche « ghetto » des gens âgés mais d'inscrire dans l'affichage politique la volonté de renforcer le partenariat entre les générations.

Repères

Les trois figures du senior

La notion de seniors est trop restrictive pour décrire une réalité complexe. Elle fait l'impasse sur l'histoire sociale et culturelle, sur les antagonismes économiques et les différences de formation et d'accès au savoir.
On compte au moins trois typologies de seniors : les *SeTra* (Seniors Traditionnels), les *BooBos* (Boomers Bohêmes) et les *SeFra* (Seniors Fragiles).

- Les *SeTra* conservent à 55, 70 ou 85 ans peu ou prou le même type de comportement : plutôt conservateurs, ils donnent la priorité aux valeurs sûres et consomment sans ostentation. La transmission et l'héritage restent des objectifs structurants. Ils restent très consommateurs d'autant qu'ils ont fini de rembourser les emprunts contractés et qu'ils sont souvent propriétaires de leur logement. En termes de volumes, ils sont dominants : 12 millions de personnes environ.
- Les *SeFra,* constituent la partie la moins médiatisée des seniors car ce sont les plus fragiles et les moins « médiatiquement corrects ». Ils représentent une consommation plus spécifique à travers une demande pour des biens et services d'accompagnement, de sécurité et à très fort contenu médicalisé. Ils sont et seront fortement généra-

teurs de création de nouveaux emplois. En termes de volumes, ils représentent près de 1,5 million de personnes.

- Les *BooBos* ces jeunes seniors issus du baby boom sont les gagnants du début du millénaire et s'apprêtent à former le groupe dominant à travers la détention du pouvoir économique et de l'influence culturelle. Cette population est de plus en plus en capacité d'orienter la consommation globale, de faire et défaire les modes et les tendances. En termes de volumes, ils représentent environ 8 millions de personnes et chaque année, 140 000 foyers supplémentaires viennent les rejoindre.

Quelques statistiques

Évolution de la population 1995-2040
(en millions de personnes)

Population	1995	2000	2005	2010	2015	2020	2025	2030	2035	2040
0-19 ans	15,2	15,3	15,1	14,8	14,6	14,4	14,2	14,1	14,1	14,0
20-59 ans	31,4	32,2	33,0	32,7	32,4	32,0	31,5	30,9	39,4	30,3
60 ans et +	12,1	12,7	13,2	14,8	16,4	17,8	19,2	20,4	21,5	22,0
Total	58,7	60,1	61,3	62,4	63,3	64,1	64,9	65,5	66,0	66,2
Population active	26,3	27,1	27,8	27,8	27,6	27,4	27,1	26,6	26,2	26,1

Source : Insee

La France, le mauvais élève de l'emploi des seniors
Comparaison des taux d'emploi des 55-64 ans

Pays	1990	2000
Allemagne	41,6	44,7
Belgique	22,2	26,2
Canada	49,3	49,9
Espagne	40	38,7
Etats-Unis	55,9	59,3
Finlande	43,8	43,9
France	38,1	37,4
Italie	32,5	28,9
Japon	64,7	67,1
Pays-Bas	30,9	36,3
Portugal	48,1	52,4
Royaume-Uni	53	52,1
Suède	70,5	68,6

Source : OCDE

1. Sweden 68.6.
2. Japan 67.1
3. USA 59.3
4. Portugal 52.4
5. G.B. 52.1
6. Canada 49.9
7. Germany 44.7
8. Finland 43.9
9. Spain 38.7
10. France 37.4
11. Holland 36.3
12. Italy 28.9
13. Belgium 26.2.

Témoignages

– Henri Amouroux, écrivain ;
– Francis Balle, Professeur à Paris II ;
– Jacqueline Beytout, femme d'influence et ancienne présidente du quotidien « Les Echos » ;
– Gérard Fournier, Directeur général de Boyden Interim Executive ;
– Marie Lauriat, future retraitée, conseiller délégué aux Relations culturelles à Orsay ;
– Guy Sanglier, retraité associatif et gérant de la « Revue du Trésor » ;
– Jean-François Veysset, vice-président de la CGPME ;
– Abel Willart, retraité hédoniste.

Et aussi : Jean-Jacques Amyot, Robert Benady, Donatienne Blanchot, Christine Bonnaffé, Danièle Caillau, Dominique Cattez, Thierry Giron, Jean-Jacques Monge, Jack Mechineau, Charles Messirel, Olivier Ossard, Jean-François Noël, Paule Vera, et tant d'autres anonymes...

Bibliographie

AMYOT (J.-J.), VILLEZ (A.), *Risque, responsabilité, éthique dans les pratiques gérontologiques*, Dunod, 2001.

AMYOT (J.-J.) et coll., *100 idées reçues sur la vieillesse*, Unopa, 1998.

AMYOT (J.-J.), *Dr Hugues Destrem, témoin et acteur de la naissance de la gérontologie*, Oareil, 1997.

ATTIAS-DONFUT (C.), *Générations et âges de la vie*, Puf « Que sais-je ? », 1991.

ATTIAS-DONFUT (C.), *Sociologie des générations ; l'empreinte du temps*, Puf, 1988.

ATTIAS-DONFUT (CC), (sous la direction de), *Les solidarités entre générations,* Nathan, 1995.

BARDET (J.-P.) et Dupâquier (J.), *Histoire des populations de l'Europe*, Fayard, 1998.

BOIS (J.-P.), *Les Vieux : de Montaigne aux premières retraites*, Fayard, 1989.

BOURDELAIS (P.), *L'âge de la vieillesse*, Odile Jacob, 1993.

BUNLE (H.), *Le mouvement naturel de la population dans le monde de 1906 à 1936*, INED, 1954.

CARADEC (V.), *Sociologie du vieillissement*, Nathan, 2001.

CHESNAIS (J.-C.), *Le crépuscule de l'Occident : dénatalité, conditions des femmes et immigration*, Hachette Pluriel, 1996.

CRIST (W.) & LE DUIGOU (J.-Ch.), *Pour ou contre les fonds de pension*, Grasset, 2002.

DUMONT (A.), *Dépopulation et Civilisation. Études démographiques.* Economica, 1990 (1re édition 1890).

ESTIENNE (J.-Fr.), *Vieillissement et retraites au Japon, une adaptation économique et sociale ?* La Documentation Française, 1996.

EXCOUSSEAU (J.-L.), *La mosaïque des générations*, Editions d'Organisation, 2000.

FAGOT (C.) et GERADON DE VERA (O.), *Une nouvelle donne pour le média-planning des années 1990 : l'émergence des plus de 50 ans*, in Les médias, la publicité, la recherche, Ire p. 1990.

FOURASTIÉ (J), *Les trente glorieuses ou la Révolution invisible de 1946 à 1975*, Hachette, 1985.

FRIEDAN (B.), *La révolte du troisième âge*, Albin Michel, 1998.

GAULIER (X.), *Les temps de la vie, emploi et retraite*, Editions Esprit, 1999.

GUÉRIN (S.), *Le Boom des seniors*, Economica, 2000.

GUTTON (J.-P.), *Naissance du vieillard*, Aubier (Coll. Historique). 1990.

LAMOUR (Y.), *L'âge de déraison, Maladie d'Alzheimer et vieillissement du cerveau*, Plon (Collection Scientifique), 1996.

LE BRAS (H.), *Marianne et les lapins ou l'obsession démographique*, Hachette Pluriel, 1993.

LEVET (M.), *Vivre après 60 ans*, Flammarion (Dominos), 1995.

LEVRET-GAUTRAT (M.), *À la recherche du 3e âge : éléments de gérontologie sociale*, Armand Colin, 1985.

LOUVET (R.) & TOURENÉS (C.), *Seniorscopie, les nouveaux jeunes,* Larousse, 1987.

PERCHERON (A.) et REMOND (R.), *Age et Politique*, Economica, 1991.

ROBERT (L.), *Le vieillissement. Faits et théories*, Flammarion (Dominos), 1995.

ROCHEFORT (R.), *Vive le papy-boom,* 2000.

SANSOT (P.), *Les vieux, ça ne devraient jamais devenir vieux*, Payot, 1998.

SAUVY (A.), *Histoire économique de la France entre les deux Guerres*, Economica.

STEARNS (P.), *Old age in European Society*, Londres, Croom Helm. 1977.

TREGUER (J.-P.), *18 leçons pour séduire les Seniors,* Paris. Dunod. 1996.

TRÉGUER (J.-P.), *Le Senior Marketing, vendre et communiquer au marché des plus de 50 ans*. Paris. Dunod, 2e édition. 1998.

VIMONT (C.), *Le nouveau troisième âge*, Economica, 2001.

À noter aussi

La revue « Communications » n° 37, *Le Continent gris*, avril 1983 ; la revue « Réseaux », *Communication et personnes âgées*, septembre 1999 ; la revue « Décideurs Gérontologie » et l'ouvrage collectif *Débat pour en finir avec les bien-pensants*, Economica, 2002.

Quelques rapports

Rapport au Premier ministre. *Politique de la vieillesse, rapport de la Commission d'étude des problèmes de la vieillesse.* Haut-comité consultatif de la population et de la famille, Documentation Française. 1961.

Retraites choisies et progressives, rapport au Conseil d'analyse économique, Dominique Taddei, La Documentation Française, 1999

Vieillir en France, rapport au premier ministre, Paulette Guinchard-Kunstler, Les rapports de l'Assemblée nationale, 1999.

L'Avenir de nos retraites, rapport du Commissaire général au Plan sur les retraites, Jean-Michel Charpin, 2000.

L'Avenir des systèmes de retraite, rapport du Conseil Economique et Social sur les retraites, René Teulade, 2000.

Vivre plus longtemps : quelques conséquences économiques. Jean-Pierre Plancade, Les rapports du Sénat 2001.

Revues sur les seniors et la vieillesse

Aeging International, revue de l'International Federation on Aeging, Washington, E-U.

50 Plus, Retirement Living Publishing, New-York, E-U.

Gérontologie et Société, revue économique et sociale sur le vieillissement, Paris.

Gérontologie, revue de gérontologie pratique, Paris.

Retraite & Société, revue de la Caisse nationale d'assurance vieillesse, Paris.

Décideurs des maisons du 3ème âge, revue des gestionnaires des établissements d'hébergement publics et privés, Paris.

Les cahiers de la FNAPA, revue de la Fédération nationale des associations de directeurs d'établissements et services pour personnes âgées, Marseille.

Sites Internet

http ://www.aarp.org. Site de l'AARP, éditeur de Modern Maturity.

http ://www.cyberpapy.com. Site français qui a pour objet de permettre le dialogue intergénérationnel et l'aide des seniors aux scolaires.

http ://www.inrac.org. Site de l'Institut national pour la retraite active spécialisé sur les formations des retraités.

http ://www.objectif50.net. Site souhaitant favoriser la mise en réseau professionnel des 45 ans et plus.

http ://www.poivre&sel.ca. Site québécois s'adressant à tous les retraités francophones.

http ://www.seniorplanete.fr. Site généraliste pour les seniors.

http ://www.seniorscopie.fr. Site d'actualité sur l'ensemble des problématiques seniors. Le site essentiel.

http ://www.agevillage.com. Sans doute le site le plus utile pour ceux qui sont aux prises avec la question senior.

Mise en pages PCA
Achevé d'imprimer Jouve-Paris

N° d'éditeur : 2504
N° d'imprimeur : 306879W
Dépôt légal : avril 2002
Imprimé en France